Alfred Ziegner

Der Liebe eine Chance

Alfred Ziegner

DER LIEBE EINE CHANCE!

Wenn das Ihr Fall wäre . . .

Schriftenmissions-Verlag Gladbeck

Für Hildegard

Druck: Bongers, Lünen
ISBN 3 7958 0294 6

INHALT

Diesem Buch ist ein Verzeichnis der EHEBERATUNGSSTELLEN im Bundesgebiet angefügt (S. 153 ff.); außerdem ein Quellenverzeichnis zu den Zitaten (S. 152).

VORWORT

Die Themen dieses Buches sind nicht von Pastoren und Seelsorgern erfunden worden. Erlitten, erfragt und niedergeschrieben wurden die Themen und Probleme dieser Seiten vom unbekannten Nachbarn nebenan. Von Menschen, die Rat fürs Leben suchen. In anonymen Briefen und vertrauensvollen Anfragen.

Gesammelt und geordnet sind auf den folgenden Seiten beispielhaft solche Korrespondenzen, die an die Redakteure eines kirchlichen Sonntagsblattes von ungenannten Lesern eingesandt und ebenso aufmerksam wie behutsam von einem Seelsorger beantwortet wurden — über den einzelnen Fall hinaus oft maßgebend für viele.

„Briefseelsorge“ — so nennt sich jener aktuell gewordene Bereich kirchlichen Dienstes in der Gegenwart. Auf diesen Seiten wird über das Auskunft gegeben, was aus tiefer christlicher Überzeugung ohne falsche Dogmatik ganz konkret auf bedrückende und oft absonderliche Fragen zu sagen ist, die unsere bisweilen aus den Fugen geratene Welt uns stellt.

Um Verständnis und Zustimmung für ein solches Buch können wir nicht jene bitten, die in steiler Selbstgerechtigkeit Antworten stanzen, bevor Fragen gestellt werden. Vielmehr sind solche gemeint, die bereit sind, durch wahrhaftige Nöte in Mitleidenschaft gezogen zu werden. „Im Vertrauen gesagt“ sind die hier vorgetragenen Gedanken. Von dem Motto „Der Liebe eine Chance“ gehen die Antworten aus.

Dr. Gerhard E. Stoll

Chefredakteur der Sonntagsblätter „Unsere Kirche“ / „Der Weg“

I. ENTSCHEIDUNGEN

Wenn man trotz allem liebt

Es ist alles andere als selbstverständlich, wenn die Entscheidung, die wir am Anfang getroffen haben, als das ein für allemal gültige Ja ein Leben lang trägt. „Kann ich denn einen Irrtum nicht berichtigen? Muß ich diese Ehe, die im Ansatz verfehlt war, unter allen Umständen erhalten?", fragt einer. „Wenn ich mich für einen Menschen entschieden habe, aber dieser eine entscheidet sich nicht für mich ...?", klagt ein anderer. Und wie weh tut das, wenn über unseren Kopf hinweg entschieden wird!

Wie auch Ihr „Fall" liegen mag: Dieses Buch möchte Ihnen Mut machen, sich ‚trotz allem' für die Liebe zu entscheiden. Auf der Bühne unseres Alltags wird das Drama „Liebe" gegen Liebe — Habenwollen oder Seinwollen, Eigensucht oder Hingabe — täglich neu inszeniert. Jeder ist Darsteller und Zuschauer, Handelnder und Betroffener zugleich. Und dieses Spiel ist immer der Ernstfall.

Kein „Fall" ist Zufall. Auch der Ihre nicht. Menschliche Schicksale werden durch eigene und durch fremde Entscheidungen, Fehlentscheidungen und Unentschiedenheiten so oder so weitgehend bestimmt. Unsere Entscheidungen in Sachen Liebe können uns glücklich machen. Sie können aber auch den tiefen Widerspruch ausdrücken, der unser Leben von innen her zu zerreißen droht.

„Das Gute, das ich will, das tue ich nicht; aber das Böse, das ich nicht will, das tue ich!" Dieses erschütternde Selbstbekenntnis gilt auch von unseren Entscheidungen für oder gegen die Liebe, die an die Wurzeln unseres Seins greifen. Nirgends ereignen sich Glaube und Unglaube so konkret.

Aber die Liebe kennt das Dennoch. Sie gibt nicht auf, wenn sie erfahren hat, wie anders der andere ist. Sie weiß um den göttlichen Entwurf des Partners. Sie lebt aus ihrem Ursprung und vertraut dem, der uns bedingungslos liebt.

Willy hält die Verlobung für einen alten Zopf

An meinem zwanzigsten Geburtstag haben wir uns kennengelernt und gehen nun schon fast drei Jahre miteinander. Grundsätzlich sind wir uns einig und glauben, daß wir zusammengehören. Da ist nur ein Problem, mit dem ich nicht fertig werde: Mein Freund lehnt es ab, daß wir uns verloben. Heiraten will er erst, wenn er seine Meisterprüfung als Autoschlosser bestanden hat. Bis dahin werden noch zwei Jahre vergehen.

Meine Eltern erwarten, daß wir uns verloben, wie sie es zu ihrer Zeit auch gehalten haben. „Wenn Dein Willy das ablehnt, dann meint er es auch nicht ernst mit Dir", sagt mein Vater. Mein Freund kann das nicht verstehen. Er hält die Verlobung für einen alten Zopf. „Was würde sich denn an unserem Verhältnis zueinander ändern?" fragt er.

Jetzt drängt Willy darauf, daß wir eine gemeinsame Wohnung nehmen. Er lebt noch mit seiner Mutter zusammen, die von ihrem Mann geschieden ist. Sein Vater ist zu einer jüngeren Frau gezogen. Ich fühle mich hin- und hergerissen und weiß nicht, was ich tun soll. Einerseits denke ich wie mein Vater. Andererseits glaube ich fest an Willys aufrichtigen Charakter. Bitte, schreiben Sie mir doch, ob es denn heute noch einen überzeugenden Sinn hat, sich zu verloben.

ANTWORT:

Soll man sich heute noch verloben? Ist das nicht aus der Mode? Eine überlebte Sitte? Gehört das nicht zu der Fassade einer bürgerlichen, scheinbar heilen, in Wahrheit aber scheinheiligen Welt? Es gibt immer mehr junge Leute, die so fragen.

Es würde Ihr Gewissen entlasten, wenn Sie sich auf eine unumstößliche Konvention berufen könnten. Aber solche für jedermann verbindlichen Normen haben wir heute nicht mehr. So stehen Sie vor einer schwerwiegenden Entscheidung. Niemand kann für Sie Ihr Problem lösen.

Wie Sie sich auch entscheiden: Sie können die Möglichkeit nicht ausschließen, daß das Band zwischen Ihnen und Ihrem Freund darüber zerreißt oder daß Sie das Verhältnis zu Ihren Eltern zutiefst verletzen. Sie würden sich aber selbst betrügen, wenn Sie nicht ganz hinter Ihrem Entschluß stünden.

Weil das Ihre Situation ist, sollten Sie das Pro und das Kontra, die Gründe und die Gegengründe auf ihr Gewicht und auf ihre Echtheit prüfen: Was spricht gegen die Sitte der Verlobung? Was spricht dafür?

Die Gegner der Verlobung sagen:

Wenn Opas Ehe tot ist — und wer wollte das bestreiten? — dann ist auch Opas Verlobung tot. Wozu also eine abgelebte Konvention übernehmen? Das wäre entweder gedankenlos oder aber verlogen. Sie fragen, was denn das Verlobtsein für Sicherheit biete? Und welche Garantie sie eigentlich enthalte, daß ihr auch die Heirat folgt? „Ich bin verlobt" — heißt das nicht für ihn oder für sie oft nur: „Ein Eisen habe ich im Feuer! Eine (einen) habe ich auf Nummer Sicher!"?

Die Verächter der Verlobung haben überdies den Verdacht, daß die meisten Paare sich im Grunde „bloß um der Leute willen" verloben, insbesondere wegen der Verwandtschaft. „Was habe ich denn mit der Familie meines Partners zu schaffen?" fragen sie.

Wie wenig es tatsächlich mit der Verlobung auf sich habe, das zeige sich nicht zuletzt darin, daß ihr der Gesetzgeber keinerlei rechtlichen Charakter zuerkennt. Es sei denn, man denkt an das „Kranzgeld", mit dem ein untreuer Verlobter seine unbescholtene Braut, die er sitzengelassen hat, entschädigen soll.

Um Ihre Frage nach dem Sinn der Verlobung zu beantworten, genügt es nicht, einige Gegenargumente vorzutragen.

Die Verlobung bekommt ihren Sinn von der Ehe her. Der Ring, der bei der Heirat lediglich von der linken auf die rechte Hand gesteckt wird, ist dafür der stärkste symbolische Ausdruck. Doch darin unterscheidet sich die Verlobung von der Ehe, daß sie aus wichtigen Gründen aufgelöst werden kann. Wie wollte man sonst die Richtigkeit der Wahl erproben. Gegenseitige Prüfung bedeutet: Wie wird sich mein Partner und wie werde ich mich selbst unter Bedingungen verhalten, die denen der Ehe ganz nahekommen? Mit ihrem gegenseitigen Sich-Versprechen haben die beiden die entscheidende, wenn auch noch nicht unumstößliche Wahl getroffen. Ihr Bündnis begründet etwas völlig Neues: Fremdheit und Ungewißheit sind überwunden. Das Wissen: „Wir sind verlobt“ ist eine neue Basis des Vertrauens.

Sich kennenlernen heißt ja nicht bloß: den Partner ergründen, sondern zugleich die eigene Liebesfähigkeit erproben. Doch niemand erkennt sich selbst durch seelische Nabelschau. Nur im Gegenüber zu einem lebendigen Du erblicken wir uns selbst wie in einem Spiegel. Denn der Mensch ist ein Beziehungswesen. So kann ich auch den anderen nur in lebendiger Gemeinsamkeit erleben.

Darum ist die Verlobung bereits der verbindliche Ernstfall. Sie beginnt mit dem gegenseitigen Sich-Versprechen. Wer dazu nicht bereit ist, wer mehrere „Eisen im Feuer haben“ möchte, beweist damit nur, daß er nicht fähig ist, mit e i n e m Menschen zu leben, der ihn ganz fordert. Die Verlobung gründet sich nicht auf einen feierlichen Akt. An der Form liegt nichts; an der Entschiedenheit füreinander liegt alles.

Und nun fragen Sie: Hat es heute noch einen Sinn, sich zu verloben? Es ist wahr: „Opas Ehe ist tot!“ Doch so wenig das neue Bild der Ehe dem Bild der Ehe von einst gleicht, so wenig hat die Verlobung von heute mit der Verlobung alten Stils gemeinsam. Sie bietet keine Garantie für die Heirat. Sie begründet — so wenig wie die Ehe — einen Besitz- noch einen Herrschaftsanspruch. Sie darf die Freiheit zur endgültigen Entscheidung nicht aufs Spiel setzen.

Und verlobt man sich wirklich „um der Leute willen"? Die Verlobung verliert in der Tat ihren Sinn, wenn man sie als ein gesellschaftliches Ereignis für die Augen der Öffentlichkeit aufzieht. Es ist aber eine folgenschwere Illusion, wenn einer so tut, als ob die Familie, aus der er kommt oder die des Partners nicht existierten. Ob man es will, ob man es weiß oder nicht: Jeder heiratet die Familie des Partners mit. Jeder bringt die Probleme und die Vorzüge seiner Ursprungsfamilie in die eigene Ehe ein.

Ihr Freund drängt darauf, daß Sie zu ihm ziehen sollen. Spürt er denn gar nicht, daß er Sie damit in einen schweren Gewissenskonflikt bringt? Wenn er eine gemeinsame Wohnung will, warum will er dann nicht heiraten? Was heißt das anders, als die Ehe ausprobieren wollen? Aber „Ehe auf Probe" ist etwas entscheidend anderes als das verantwortliche Sich-Prüfen der Verlobten. Sie werden 23. Sie können sich das einfach nicht leisten, Ihrem Freund ins Blaue hinein auf seine „treuen Augen" hin vorbehaltlos zu vertrauen. Ihr Glaube an Willys guten Charakter bietet doch keine Gewähr, daß alles gut geht. Ist nicht der Hintergrund der zerbrochenen elterlichen Ehe für Sie ein Grund, seine prinzipielle Ablehnung der Verlobung kritisch zu sehen? Müssen Sie nicht die Möglichkeit in Rechnung stellen, daß Ihre scheinbar problemlose Freundschaft eines Tages zerbrechen kann? Ein Zurück würde für Sie mehr bedeuten als die Blamage vor den Leuten. Es ginge ganz und gar auf Ihre Kosten.

Damit soll keineswegs Mißtrauen zwischen Ihnen gesät werden. Der Ernst einer Lebensentscheidung fordert aber kritische Wachsamkeit.

Würden Sie nur um der Leute willen so tun als ob, würden Sie sich also bloß einen Ring aufstecken, so würde die Scheinlösung einer solchen leeren Form an Ihrer tatsächlichen Situation nichts ändern: Es wäre keine wirkliche Prüfungszeit für Sie; denn es gäbe kein echtes Zurück.

Sind die Bedenken Ihres Vaters wirklich so unbegründet? Wenn für Ihren Freund die Verlobung bloß ein alter Zopf ist, ist dann nicht auch zu befürchten, daß er eine ganz andere Vorstellung von der Ehe hat als Sie? In unseren Lebensordnungen — mögen Sie noch so wandelbar sein — spiegelt sich eine göttliche Ordnung, von der man sich nicht ohne Konsequenzen distanzieren kann.

Sie sollten keinesfalls auf Heirat drängen. Sie sollten aber in einer kompromißlosen, mutigen Aussprache herausbekommen, was Ihren Freund in Wahrheit daran hindert, in einer gültigen Form sein Leben mit dem Ihren zu verbinden.

▪

Die Verlobten haben eine große Aufgabe vor sich: die Planung ihres künftigen Ehelebens. An den konkreten Lebensproblemen wird man sich erst klar über des Partners Verständnis oder Hartnäckigkeit, Leichtsinn oder Ängstlichkeit, Initiative oder Trägheit, über seinen Geschmack und gesunden Menschenverstand. Meinungsverschiedenheiten und richtiger Streit erlauben es den Partnern, einander auch in Zorn und Enttäuschung kennenzulernen und festzustellen, wie leicht oder wie schwer man einander vergibt und sich versöhnt. Solche Krisen sind für die gegenseitige Prüfung ganz wesentlich.

Theodor Bovet

Wir wollen neu anfangen

Die Eheleute K. legen in getrennten Briefen dar, wie es zu der zwischen ihnen bestehenden Krise gekommen ist und wie jeder sie beurteilt.

Frau K. schreibt:

Vor acht Jahren haben wir uns kennengelernt und sind fünf Jahre verheiratet. Die Eltern meines Mannes standen mir von Anfang an spürbar ablehnend gegenüber. Mein Mann — er ist ein Jahr älter als ich — wurde 25, als unsere Tochter Eva geboren wurde. Er ist nach dem Einjährigen Industriekaufmann geworden und hat später die Technikerschule absolviert. Geld ist immer knapp gewesen, erst recht, seitdem wir auf Drängen der Schwiegereltern ein Auto angeschafft haben. Es ist unerträglich, daß mein Mann immer auf seine Mutter hört, während er an mir dauernd etwas auszusetzen hat.

Ich bekenne offen, daß ich gegen meine Schwiegermutter allergisch bin. Sie erscheint mir bereits in nächtlichen Angstträumen. Wir wohnen mit ihr unter einem Dach. Wenn ich nur höre, wie sie den Schlüssel in die Tür steckt, bekomme ich kalte Füße. Mein Mann reagiert seinen Unwillen an Eva ab und erzieht ständig an ihr herum. Sie soll nach seiner Vorstellung eine Art Musterkind sein. Die Großeltern haben für ihr Enkelkind nichts übrig.

Es ist mir zunehmend schwerer gefallen, mich meinem Mann anzuvertrauen. Auch in sexueller Hinsicht klappt es nur selten. Ich habe mir immer gewünscht, als Frau anerkannt zu werden, nicht nur fürs Bett dazusein. Gewiß, mein Mann ist strebsam und solide. Er hat manches erreicht und sorgt für unsern Lebensunterhalt. Nach Büroschluß arbeitet er sogar an drei Abenden und samstags in einer Autowerkstatt. Bei alldem ist er aber stets unzufrieden. Ich müßte nur mehr Aktivität in sexueller Hinsicht entwickeln, meint er; dann wäre unsere Ehe glücklicher.

Zutiefst erschrocken war ich, als mein Mann mir — ohne vorherigen Streit — erklärte, er wolle sich scheiden lassen. Zwar haben wir uns danach ausgesöhnt. Es wurde aber nicht besser. Dann gestand er mir nach Wochen einen Seitensprung. Das hat mir einen weiteren Schock versetzt. Ich bin mit der Kleinen für vierzehn Tage zu einer Freundin gefahren, um Abstand und Klarheit zu gewinnen.

Seither weiß ich, daß ich meinen Mann, trotz allem, noch gern habe. Wir möchten beide unsere Ehe retten. Nur fehlt es uns an tieferem Verstehen. Darum haben wir beschlossen; jeder soll Ihnen unser Problem so darstellen, wie er es sieht. Wir hoffen, daß Sie uns helfen können, mit dem Gewesenen besser fertig zu werden und neue Fehler zu vermeiden.

Der Brief des Mannes:

Ich bin 1944 in Dresden geboren und einziges Kind geblieben. 1948 sind meine Eltern mit mir über die grüne Grenze gekommen. Ich bin streng erzogen worden. Bis zu meinem 21. Lebensjahr mußte ich abends um halb zehn zu Hause sein. Ich kannte damals bereits meine Frau. Sie arbeitete in unserem Werk im Büro. Auf ihren Rat hin habe ich dann die Technikerschule besucht. So ist es mir gelungen, in die Konstruktionsabteilung überzuwechseln.

Nach der Hochzeit sind wir zu meinen Eltern gezogen, die uns drei Zimmer tapeziert und eingerichtet hatten. Meine Frau ist unter Tränen eingezogen, ich ehrlich froh. Leider gab es von Anfang an Spannungen. Insbesondere ließ der eheliche Intimverkehr zu wünschen übrig. Ganz gegen meine grundsätzliche Einstellung habe ich schließlich einen Seitensprung gemacht. Bei einem zweiten Versuch kam ich mir vor wie ein Lump. Warum ich es getan habe? Ich weiß es selbst nicht. Es tut mir aber sehr leid.

Wir haben uns nach all dem Versagen gründlich ausgesprochen und sind entschlossen, neu anzufangen. Ich glaube, wir haben es darum nicht geschafft, weil jeder vom anderen mehr erwartet hat als er geben konnte. Vor allem in der Intimbeziehung. Wir sind ja beide ohne Erfahrungen in die Ehe gegangen. Wie sehen Sie unser Problem?

ANTWORT:

Sie haben getrennt geschrieben. Die Antwort sollten Sie gemeinsam lesen und bedenken. Nach den Erfahrungen des Eheberaters ist die Mutter des Mannes — häufiger als die der Frau — eine Gefahr für die Harmonie der Ehe. Viele Männer kommen zeitlebens nicht von ihrer Mutter los. Das ist zwar natürlich. Aber was natürlich ist, ist darum noch nicht gut. Es kann auch gefährlich sein.

Um es vorweg zu sagen: Nur dann besteht Aussicht, Ihr Problem zu lösen, wenn Sie es als Ihre gemeinsame Aufgabe erkennen. Sie, Frau K., sollten nicht übersehen, daß auch Ihr Mann unter der Einmischung seiner Mutter leidet. Auch dann, wenn er sich verpflichtet fühlen mag, sie als guter Sohn in Schutz zu nehmen.

Voraussetzung dafür, daß Ihr Mann innerlich unabhängiger wird, ist, daß Sie ihm das Gefühl geben: Meine Frau ist unter allen Umständen für mich da. Sie versteht mich. Sie hilft mir, meine inneren Konflikte zu überwinden. Darum sollten Sie unter keinen Umständen Ihre Phantasie und Ihre Gefühle gegen die Schwiegermutter einsetzen. Das wäre das sicherste Mittel, Ihren Mann innerlich zu spalten und ihn endgültig zum Anwalt seiner Mutter zu machen. Tun Sie nichts aus Verärgerung und aus Gekränktheit. Tun Sie alles aus besserer Einsicht. Kämpfen Sie nicht für sich. Kämpfen Sie mit den Waffen der Liebe für Ihre Ehe.

Die falsche Bindung an die Eltern, die zu innerer Abhängigkeit führt, ist das Resultat einer falschen Erziehung. Und Ihr Mann ist auf dem besten Wege, die erlebte Erziehung zur Unfreiheit, die sich in seiner Elternbindung zeigt, bei der eigenen Tochter zu wiederholen. Das Schlimmste aber wäre, wenn Sie sich mit der kleinen Eva gegen Ihren Mann verbünden würden.

Eine starke Mutterbindung gibt es freilich auch über einen großen räumlichen und zeitlichen Abstand hinweg. Das Wohnen unter einem Dach macht aber den entzündlichen Konfliktstoff, den diese innere Abhängigkeit enthält, explosiv und gefährlich.

Ihr Mann hat es nicht geschafft, sich von dem Hintergrund der Familie zu lösen, in die er hineingeboren worden ist. Sie sollten ihm das nicht als Schuld ankreiden, vielmehr die Gründe zu verstehen suchen. Hier steht Liebe gegen Liebe: Gattenliebe gegen Sohnesliebe. Die eine ist anders als die andere. Doch beide sind eine Realität, mit der Sie zu rechnen haben.

Es muß ja durchaus nicht so sein, daß Ihre Schwiegermutter das alles in böser Absicht tut. Haben Sie sich schon einmal in ihre Rolle versetzt — oder wenigstens den Versuch gemacht? Auch darin liegt doch eine Härte: Der Sohn, das einzige Kind, dem ihre ganze Sorge galt, ist ihr durch Sie genommen worden. Das alles ist zwar höchst natürlich und selbstverständlich. Aber das Selbstverständliche ist manchmal das Schwerste. Übrigens spielt in Ihren beiden Briefen der Schwiegervater kaum eine nennenswerte Rolle. Darf man daraus schließen, daß die ungeteilte Liebe und die ganze Zuwendung einzig dem Sohn galt? So ist es nun zu Eifersuchtsgefühlen und zu einer harten Konkurrenz zwischen Ihnen und Ihrer Schwiegermutter gekommen.

Ihr Mann hat wenig oder gar nichts dafür getan, diese Spannungen abzubauen. Seine Flucht in die Arbeit und seine falsche Rücksicht auf die Mutter, der er nur ja nicht wehtun möchte, waren nicht geeignet, das Problem zu lösen. Hat die Mutter vielleicht in ihm bereits in der frühkindlichen Erziehung ein permanent schlechtes Gewissen angelegt? Niemand hat es bisher vermocht, seinem Verantwortungsbewußtsein das richtige Thema zu geben.

Sie, Herr K., sollten begreifen, daß Ihre Frau sich Ihnen in dem Maße verweigert hat, wie Sie sich mit Ihrer Mutter identifiziert und ihre Partei ergriffen haben. Ihre Abwehr ist der Ausdruck dafür, daß sie in ihren Gefühlen blockiert ist. Die Vermutung liegt nah, daß hier das ungelöste Schwiegermutterproblem eine entscheidende Rolle spielt.

Es liegt viel daran, daß Sie mich recht verstehen: Sie wollten immer das Pferd am Schwanz aufzäumen. Doch alles verkrampfte Streben nach Glück und Genuß ist zum Scheitern verurteilt. Aus einem nur-leiblichen Beisammensein ist bald ein unbefriedigendes Nebeneinander und schließlich ein verzweifeltes Gegeneinander geworden, wie es sich in Ihrem Scheidungsangebot andeutet. Ihre Frau spürte intuitiv, daß eigentlich gar nicht sie gemeint war, daß Sie vielmehr immer nur sich selbst meinten, wenn Sie im ehelichen Zusammensein Befriedigung und Erfüllung suchten. Dieses Sichanlügen im ehelichen Liebesakt, bei dem man Du sagt und ich meint, ist eine tiefwirkende Kränkung des Partners. Sie, Herr K., haben Ursache und Wirkung verwechselt.

Die Erfahrung des Glückes im ehelichen Umgang kommt einzig und allein aus der personalen Liebe. Nicht umgekehrt. Menschliches Sexualleben ist immer schon mehr als eine genitale Funktion. Im ehelichen Zusammensein ereignen sich Glaube und Unglaube. Darin liegt die Heils- und die Unheilsbedeutung unserer Geschlechtlichkeit.

Jeder Mensch — Ihre Frau so gut wie Sie — hungert nach Anerkennung, nach Zuwendung, nach Bestätigung durch den Partner. Entscheidend ist aber, daß nicht jeder diesen Hunger nur bei sich selbst wahrnimmt. Es stimmt schon, was Sie schreiben: „Jeder hat vom anderen mehr erwartet, als er geben konnte" — oder zu geben bereit war? Freilich ist auch dort die Selbstliebe dabei, die gottgewollte Einheit von Mann und Frau zu spalten, wo sich einer dem anderen ohne verständlichen Grund versagt.

Es gibt nur einen Weg zur Gesundung Ihrer Ehe — und darum auch nur diesen einen Rat: Daß Sie beide — auch wenn Sie sich aneinander ärgern — entschieden und demonstrativ zueinander stehen. Und darüber darf bei Ihrer Mutter kein Zweifel mehr aufkommen. Sie wohnen unter einem Dach und wissen selbst am besten, ob sich das ändern läßt. Unter keinen Umständen dürfen Sie, Herr K., mit den Eltern kritisch über Ihre Frau sprechen. Das ist eindeutig Ehebruch. Ihrer beider Probleme gehen die Eltern absolut nichts an.

Vergessen Sie nie: Sie sind zwei Familien, die — wenn sie schon so eng beieinander wohnen — ihren eigenen Lebensraum hüten sollten.

Überlegen Sie doch einmal miteinander, ob Sie, Frau K., vielleicht eine häusliche Teilzeitarbeit — etwa Maschineschreiben nach Banddiktat, vielleicht für drei Tage in der Woche — aufnehmen können, um Ihren Mann von dem Streß seiner beruflichen Doppelbelastung zu erlösen. Vielleicht könnten Sie auch einen Fortbildungskurs in der kaufmännischen Buchführung gemeinsam besuchen, und wäre es nur für eine Doppelstunde in der Woche. Alles, was Sie gemeinsam bedenken und tun, wird Ihre Ehe stabilisieren.

▪

Das Schwiegermutterproblem besteht nicht in der Existenz einer Schwiegermutter, und es ist auch kein Problem, das von der Schwiegermutter allein ausginge. Die Problematik liegt in dem Versuch eines Partners, sich die Kindheitssonne in die Ehe hinein zu retten. Ich kann aber nicht zugleich Mann meiner Frau und Kind meiner Eltern sein.

Wilhelm J. Revers

Aber im Grunde ist er herzensgut

Wir sind zehn Jahre verheiratet und haben drei Kinder — ein Mädchen und zwei Jungen, neun, sieben und sechs Jahre alt. Unser Familienleben könnte so schön sein. Aber mein Mann ist Trinker. Er ist ein geschickter Handwerker, aber unzuverlässig. Allzu oft feiert er krank. Sechsmal hat er schon seinen Arbeitsplatz gewechselt.

Freunde hatten mich vor ihm gewarnt. Doch das erste Ehejahr verlief gut. Dann fing er wieder an zu trinken — immer maßloser. Seit einem Jahr ist er höchstens an drei Wochentagen nüchtern. Wenn er sehr spät nach

Hause kommt, ohrfeigt er mich, obwohl ich ihm keine Vorwürfe mache und ihm sogar noch beim Ausziehen behilflich bin. Er beschimpft mich mit bösen Worten.
Wir haben einen Schrebergarten. Leider hat der Kleingärtnerverein dort ein Gemeinschaftshaus mit Ausschank eingerichtet. Statt im Garten zu arbeiten, wie ich gehofft hatte, sitzt er dort immer allein in einer Ecke und trinkt sinnlos. Wenn er betrunken ist, springt er wie ein Wilder auf der Wiese umher und fängt mit allen Leuten Streit an.
Mein Mann ist übrigens ein uneheliches, also wohl ursprünglich unerwünschtes Kind. Obwohl er wenig Kontakt zu seinen Arbeitskollegen hat, animieren sie ihn zum Trinken und wissen doch genau, wie wenig er verträgt. Ich habe meinen Mann angefleht: „Bleib stark, denk an die Kinder!" Umsonst. Feiertage wie Ostern sind für ihn Sauftage.
Seine Mutter, die seit Jahren bei uns wohnt, steckt ihm überdies heimlich Geld zu. Das ist schlimm. Ich glaube, sie möchte an ihm etwas wiedergutmachen.
Meine Kraft ist fast am Ende. Ich finde kaum noch Schlaf. Wenn ich mir etwas anmerken lasse, droht er damit, sich das Leben zu nehmen. Das sagt er auch zu unserm neunjährigen Töchterchen und bricht dabei in Tränen aus. Ich fürchte mich vor ihm und bin in großer Sorge um das Kind. Wenn er unter Alkohol steht, weiß er nicht, was er tut. Kürzlich hat er mich sogar mit einem Küchenmesser bedroht. Ich zittere vor Angst, wenn ich weiß, daß er im betrunkenen Zustand mit dem Wagen unterwegs ist. Ist er wieder nüchtern, dann lacht er mich aus. Ich glaube, er erinnert sich hernach wirklich an nichts.
Es fällt mir nicht leicht, Ihnen dies alles zu schreiben. Aber ich stehe vor einem Rätsel; denn im Grunde ist mein Mann ein herzensguter Mensch, und ich liebe ihn — trotz allem. Doch irgend etwas muß geschehen, was ihn von der Trunksucht befreit. Ich bitte Sie herzlich: Helfen Sie ihm. Helfen Sie mir. Helfen Sie unseren Kindern.

ANTWORT:

Sie haben das Bild eines Menschen gezeichnet, der kein festes Lebensziel mehr hat, keine ihn erfüllende Aufgabe. Er flieht in die Traumlandschaft des Rausches und ist außerstande, einen positiven, maßstabgerechten Bezug zur Wirklichkeit herzustellen. Es fehlt ihm jede Zuversicht, daß er reale Situationen meistern könnte. Mit jedem Versagen wird er nur noch mehr in seiner teils depressiven, teils aggressiven Haltung fixiert. Wahrscheinlich lebt Ihr Mann von Kindesbeinen an mit dem moralischen Denkklischee: „Liebes Kind — böses Kind". Vermutlich unerwünscht zur Welt gekommen, scheint er von klein auf in der Rolle des „bösen" Kindes hängengeblieben zu sein. Diesen frühkindlichen Hintergrund müßte man kennen, um mehr sagen zu können.

Alles wird dadurch erst recht schwierig, daß er geheime Alliierte hat. Da ist seine Mutter, die ihm heimlich Geld zusteckt. Vielleicht zeigt sie auch noch „mitfühlendes Verständnis" für den Sohn, dessen Frau ihn „im Grunde gar nicht versteht". Das belastet Ihr eheliches Verhältnis. Wahrscheinlich hat Ihr Mann für seinen zusätzlichen Geldbedarf immer eine plausible Erklärung zur Hand. Und die Mutter scheint ihm das zu glauben, obwohl sie sehr wohl weiß, wofür ihr Sohn das Geld ausgibt.

Da sind zum andern die Kollegen, die ihn animieren und doch sehr wohl wissen, wie bedenklich es mit ihm bergab geht.

Da sind drittens — Sie selbst, seine Ehefrau. Sie, die Sie immer wieder nachgeben, ihm beim Ausziehen helfen, ihm Kaffee ans Bett bringen und mit grenzenloser Geduld sogar Schläge hinnehmen.

Ihr Mann ist Ihnen ein irritierendes Rätsel. Sie sollten aber bedenken, unter welchem inneren Zwang dieser Mensch lebt. Alles in ihm verlangt nach dem Alkohol, der ihn für eine kurze Zeit das Leben mit anderen Augen sehen läßt. Dieser Unglückliche ist von einer unbeschreiblichen inneren Unruhe geplagt, die sich bis zu körperlichen Schmerzen steigern kann. Unbewußt wünscht er, nicht mehr ein verantwortlicher Erwachsener zu sein, sondern eben „das ungezogene Kind", um das sich alles dreht. Verstehen Sie, warum ein gutgemeinter moralischer Appell so herzlich wenig nützt, der ja das Gegenteil von dem bewirken soll, was der Patient zutiefst möchte?

Der Alkohol ist nur ein Medium, ein Ersatz, eine „Prothese" für Werte, die dem Süchtigen gar nicht — oder nur mit letzter Selbstüberwindung — erreichbar sind. Die Ungeduld und Unruhe Ihres Mannes verraten seine innere Unerfülltheit, den „Verlust der Mitte". Er sucht die Freiheit, aber faktisch gerät er in immer tiefere Unfreiheit und Abhängigkeit. Die Sucht ist eine Krankheit. Zugleich aber ist sie ein Symptom für ein noch tieferliegendes Defizit. Das Sich-voll-laufen-Lassen kann die ersehnte „Er-füllung" nicht schaffen.

Sie halten Ihren Mann für einen grundguten Menschen und haben damit wahrscheinlich recht. Nur eines sollten Sie begreifen: Stärker als ein „normaler" Mensch spürt er in sich das unheimliche Gesetz, das schon der Apostel Paulus in seinem Brief an die Gemeinde in Rom so erschütternd beschrieben hat: „Das Gute, das ich will, das tue ich nicht . . .": Das ist die tiefe Disharmonie, die Ihren Mann innerlich zu zerreißen droht. Und Sie sehen mit Sorge, wie er beziehungslos alleinsteht.

Hinter diesem Verhalten steht eine noch tiefere Einsamkeit und Haltlosigkeit: Die gestörte Beziehung zu Gott. Das alles zeigt sich in seinem „undichten" Selbstwertgefühl, das wie ein poröser Fahrradschlauch immer wieder „aufgepumpt" werden muß. Nicht nur sein seelischer Innenhaushalt ist gestört, sondern auch der Haushalt seines Familienlebens. Darum die geschwächte Entscheidungsfreiheit und die erlahmte Willenskraft.

Je besser Sie das alles verstehen, um so gezielter werden Sie dem entgegenwirken können. Ihr Mann braucht eine neue, eine gültige, positive Beziehung zur Wirklichkeit: zu sich selbst und zu den Mitmenschen. Hier muß die Heilung ansetzen: Im Zentrum. Und das schaffen Sie nicht allein. Alles gute Zureden ist ja für die Katz. Hier bedarf es einer fachkundigen ärztlichen Therapie, die nur im Rahmen einer gründlichen Kur erfolgen kann.

Gehen wir einmal davon aus, daß es gelingen wird, Ihren Mann von der Notwendigkeit einer solchen Heilkur zu überzeugen. Dann werden Sie schon bald vor drei Fragen stehen:

Wer übernimmt die Kosten für diese Behandlung?

Wer sorgt für die wirtschaftliche Sicherung der Familie während der Kur, für die Sie ein halbes Jahr rechnen müssen?

Wird ihn sein Arbeitgeber wiederaufnehmen, wenn er so lange ausscheiden muß?

Dazu ist folgendes zu sagen:

(1.) Wenn sich Ihr Mann aus freien Stücken zu einer Kur entschließt, muß jede Krankenkasse diese Kosten übernehmen; denn Alkoholismus zählt heute eindeutig als Krankheit. Der Weg, den Sie zu gehen haben, führt über die Suchtkrankenstelle der Inneren Mission zum Gesundheitsamt und dann zur Krankenkasse. Voraussetzung für die Bewilligung einer Kur ist jedoch ein gesundheitlicher Schaden (Leber-, Kreislauf- oder Herzschaden) des Patienten.

(2.) Der Betrieb zahlt den Lohn für die ersten sechs Wochen weiter. Dann übernimmt der Staat die Kosten für die Kur — einschließlich des Taschengeldes für den Kranken — sowie für den Unterhalt der Familie.

(3.) Der Arbeitgeber ist verpflichtet, den Patienten nach seiner Genesung wiederaufzunehmen. Das gilt auch für den Fall einer vorher erfolgten Zwangseinweisung des Patienten. Widrigenfalls schaltet sich das Arbeitsgericht ein.

Zu einer Zwangseinweisung in eine geschlossene Anstalt, die bei Ihrem Mann hoffentlich nicht nötig sein wird, bedarf es einer triftigen Begründung. Ich denke daran, daß Sie oder Ihr Töchterchen in Gefahr sind.

Es ist nur zu verständlich, daß es Ihnen schwerfällt, gegen — aber im Grunde doch für — Ihren Mann etwas so Einschneidendes zu unternehmen. Denken Sie aber daran, daß Ihre Kräfte bereits überfordert sind, und daß doch die Familie mit Ihnen steht und fällt. Denken Sie auch daran, wie entscheidend das Bild, das die Kinder von ihrem Vater haben, für ihre seelische Entwicklung und für ihr Schicksal ist. Die heutigen Behandlungsmöglichkeiten geben berechtigte Hoffnung auf Heilung. Nur so kann Ihnen geholfen werden, Ihnen allen. Der Weg ist klar. Nun müssen Sie für Ihren Mann handeln, weil Sie — jetzt noch — die Stärkere sind.

▪

Alkoholismus ist eine Krankheit, und niemand sollte sich vor der Ehe Illusionen hingeben, er würde den Trinker durch seine Liebe überzeugen und durch seine Hilfsbereitschaft retten können. Die meisten täuschen sich über das Ausmaß der Sucht, über die Intensität und die Wirkung des Trinkens. Weil wir es hier nicht mit einem Charakterfehler, sondern mit einer Krankheit zu tun haben, sollte sich der Alkoholiker zunächst in ein antialkoholisches Behandlungszentrum begeben, wo dieses vielschichtige Problem medikamentös und psychotherapeutisch angegangen wird.

Reinhold Ruthe

II. FREMDHEITEN

Wenn zwei die Welt verschieden erleben

Jeder erlebt sich selbst als den Mittelpunkt der Welt. Doch die Welt bleibt uns in ihrem Wesen fremd, auch dort, wo sie uns nah und vertraut erscheint. „Seit einem Jahr habe ich das Gefühl: Er ist gar nicht mehr mein Mann. Zwölf Jahre sind wir miteinander glücklich gewesen. Plötzlich ist er mir fremd“, bekennt eine Frau unter Tränen. Selbst der Allernächste ist und bleibt der Unbekannte. Ein unerklärlicher Rest von Fremdheit trennt Mensch und Mensch, auch dann, wenn zwei sich lieben.

Es ist töricht, fremdes Wesen zu verteufeln, und es ist unvernünftig, das Unbegreifliche zu idealisieren. Lassen wir das Fremde gelten, auch dann, wenn wir es nicht begreifen. Es wird uns nie gelingen, den anderen — den Ehegatten, das Kind oder den Freund — aus der originalen Art zu verdrängen und nach unserem Bilde zu formen. Wir sollten aber auch nie versuchen, das Fremde im anderen mit Teufelsgewalt zu überspringen. Es gibt Fremdheiten, die wir überwinden, und es gibt unüberwindliche Fremdheiten. An diesen müssen wir scheitern. Jene machen uns reicher und helfen uns, zu uns selbst zu finden.

Lieben heißt, einander in der Tiefe begegnen und durch den anderen zu sich selbst kommen. Die Behauptung indessen, Liebe überwinde alle Fremdheiten, beruht auf einer unausrottbaren Illusion. Das gilt auch von dem Unterschied der Geschlechter. Doch Mann und Frau sind in ihrer Verschiedenheit aufeinander hin entworfen.

Fremde Gewohnheiten, Denkschemata und Grundsätze können unüberwindliche Barrieren sein. Fremde Kultur und fremdes Blut sind es fast immer. Es gibt Wesensverschiedenheiten, zwischen denen es keine Brükken gibt. Die Kluft zwischen ihnen kann durch keine noch so leidenschaftliche Liebe — geschweige denn durch Verliebtheit — überwunden werden.

Das vornehme Getue geht mir auf die Nerven

Ein halbes Jahr gehe ich nun schon im elterlichen Haus meiner Verlobten ein und aus, wo noch ihr Zwillingsbruder und ihre siebzehnjährige Schwester wohnen. Nie hätte ich gedacht, daß mich die Familie, in die ich einheirate, mit einem ebenso heiklen wie schmerzenden Problem konfrontieren würde. Ich fühle mich nämlich unter Giselas Verwandten wie ein Fremder. Alle sind in einer mir peinlichen Weise höflich. Sie nehmen mich nicht so, wie ich bin. Im Hause meiner Braut kann ich nicht aussprechen, was ich denke und empfinde. In diesem Klima kann ich nicht frei atmen. Das vornehme Getue geht mir auf die Nerven.

In diesem Hause werden die gesellschaftlichen Etiketten zelebriert und kultiviert. Einer überbietet den anderen mit formvollendetem Schliff.

Ich komme aus einer einfachen Handwerkerfamilie. Ich fürchte, diese andere Welt werde ich nie verstehen. Aber werde ich mir nicht selbst untreu, wenn ich mich aus Liebe zu Gisela nach außen hin anders gebe als ich in meinem Innersten bin? Die Umgangsformen, die man von mir erwartet, haben mit mir selbst so wenig zu tun wie Höflichkeit mit Liebe. Bis jetzt habe ich das Gesicht gewahrt und mich jeglicher Kritik enthalten. Ich bin mir aber bewußt, daß diese passive Haltung keine Lösung für mich ist; denn ich will nicht zur Marionette werden. Stelle ich aber die Stacheln auf und setze mich über die Spielregeln des guten Tons hinweg, dann muß das wie eine offene Kriegserklärung wirken. Damit würde ich alles aufs Spiel setzen, auch unsere Liebe, die so herzlich ist wie am ersten Tag. Was kann ich bloß tun?

ANTWORT:

Es wird entscheidend darauf ankommen, ob die so geschliffenen Manieren im Hause Ihrer Verlobten im Grunde auch gut gemeint und darum „echt" sind —

was Sie ja immerhin für möglich halten. Steht also hinter diesen vornehmen Umgangsformen eine vornehme Gesinnung? Sie werden vorurteilslos prüfen müssen, ob diese Menschen in erster Linie von anderen oder zuerst und zuletzt von sich selbst Korrektheit erwarten. Ein ebenso untrüglicher Maßstab könnte darin liegen, ob sie denen, die beruflich und gesellschaftlich „unter" ihnen stehen, mit derselben Höflichkeit begegnen, mit der sie sich in der eigenen Gesellschaftsschicht bewegen, oder ob sie sich bloß bemühen, denen zu imponieren, die ihnen — aus welchen Gründen immer — interessant und nützlich erscheinen. Echte Höflichkeit akzeptiert jeden so, wie er ist und fragt nicht nach Geld und nach Geltung.

Alles, was Sie über die guten Manieren schreiben, hat einen auffallend negativen Akzent oder einen bitteren Beigeschmack. Nur die Umgangsformen Ihrer Verlobten erwähnen Sie nicht. Offenbar finden Sie alles an ihr sympathisch und liebenswert. Verliebte Leute haben zu allen Zeiten einander ihre „Schokoladenseite" gezeigt. Sie sind sich aber viel zu nah, um dabei auf gesellschaftliche Etikette zu achten. Höflichkeit wahrt stets wohlbedachte Reserve. Liebe überwindet jeden Abstand.

Sind Höflichkeit und Herzlichkeit darum Gegensätze? Eine Putzfrau erinnert sich noch nach Jahren, daß einmal der Chefarzt auf dem Flur seine Visite für einige Augenblicke unterbrochen hat, nur um ihr die Leiter aufzustellen. Gegenbeispiele sind weniger selten. Wir erleben sie täglich im Straßenverkehr. Da fährt der rücksichtslose Autofahrer einer wenig attraktiven Frau an der Straßenkreuzung nahezu die Hacken ab; aber in der gleichen Situation hält er galant an, wenn ein imponierendes weibliches Wesen sich anschickt, den Zebrastreifen zu überschreiten.

Höflichkeit mit oder ohne Herz — das ist hier die Frage. Die erstere geht stets auf dem Rücken anderer Tugenden einher. Sie hat Stil und Takt. Stil, weil äußeres

Verhalten und innere Einstellung einander entsprechen. Takt, weil sie auf die Empfindlichkeiten und auf die Belange des anderen diskret Rücksicht nimmt. Gute Umgangsformen wahren äußeren Abstand, um innere mitmenschliche Nähe zu ermöglichen.

Darin haben Sie gewiß recht: Starre Formen und formale Normen sind kein Ersatz für Liebe. Nur allzuoft tarnen sie egoistische Gesinnung. Es gibt allzuviele, die sich in sklavischer Abhängigkeit von der Meinung der Leute abstrampeln. Wo Höflichkeit in elegante Routine abgleitet, da ist es oft nur ein kleiner Schritt zur Heuchelei. Es gibt Leute, die vor unseren Augen vor lauter Höflichkeit fast zerbrechen. Haben wir aber den Rücken gekehrt, dann ist es aus mit den ehrerbietigen feinen Manieren. Sie haben dann nur noch geringschätzige Worte, Mienen oder Gesten für uns übrig.

Wir sollten uns also weniger besorgt fragen: Was für ein Bild machen sich wohl die Leute von mir? Wer nur auf Beifall bedacht ist, wird schließlich und tatsächlich zu dem, den die anderen in ihm sehen wollen. Wieviel krankhafte Empfindlichkeit, Geltungsbedürfnis, Angeberei und Großtuerei haben hier ihren Ursprung! Legen wir den strengsten Maßstab an unsere Würde vor uns selbst. Denn wer sich gehen läßt, verkommt. Es ist aber lächerlich und charakterlos zugleich, seine Würde anderen gegenüber durch vornehmes Getue unterstreichen zu wollen.

Unsere Umgangsformen sind wie ein Spiegel, in dem jeder sein Bild zeigt. Die Zeichen der Höflichkeit haben einen tieferen Sinn. Es ist gut, sie nicht nur von außen zu kennen. Über Umgangsformen kann man nur urteilen, wenn man weiß, was eigentlich damit gemeint ist.

Mit unserem Benehmen ist es wie mit unserer Kleidung. „Kleider machen Leute“, heißt es. Sie wissen, daß sich dieses Wort positiv und negativ verstehen läßt. Auch unsere Umgangsformen können das Positive unterstreichen. Sie können aber auch blenden und täuschen, was z. B. die Heiratsschwindler virtuos beweisen. Sie können vertuschen und persönliche Mängel aller Art verdecken.

Schlechte Manieren wirken ebenso abstoßend wie schlampige oder geschmacklose Kleider. Und wie die Textilien vor Wärme und vor Kälte schützen, können gute Manieren vor den zwischenmenschlichen Abnutzungs- und Verschleißerscheinungen bewahren. Wie schamloses Sich-Entblößen verletzen kann, so kann man sich durch den Mangel an guten Umgangsformen „bloßstellen“ und schockieren: Wie Leuten mit schäbigem Anzug gelegentlich der Einlaß verweigert wird, so stehen auf schlechtem Benehmen gesellschaftliche Sanktionen. Man lädt solche Leute nicht zu sich ein. Man meidet und „schneidet“ sie. Alles in allem: Die gute Form ist eine umfassende Hygiene, mindestens so notwendig wie Waschen und Zähneputzen — aber schöpferischer als diese Verrichtungen. Sie bringt unsere persönlichen Qualitäten zur Entfaltung, die sonst brach liegenblieben. Sie befreit zu Echtheit und Natürlichkeit. Sie hilft jedem, seinen Stil zu finden. Auch darin ist es wie mit dem Kleid, das Selbstfindung und Selbstbewußtsein spürbar fördern kann.

Fragen Sie sich noch einmal sachlich und selbstkritisch: Sind die Umgangsformen der Familie, in die ich voraussichtlich einheiraten werde, wirklich nur „Getue“ und „Zirkus“? Merken Sie gar nicht, wie Sie sich selbst durch vorschnelles Urteilen negativ stilisieren? Stellen Sie damit nicht — früher oder später — Ihre Verlobte zwangsläufig vor letzte Entscheidungen? Die guten Manieren, die ja doch Brücken von Mensch zu Mensch bauen sollten, könnten unversehens zum „eisernen Vorhang“ zwischen Ihnen werden und unversöhnliche Haßgefühle auslösen. Man kann doch nur dann vertrauensvoll miteinander und füreinander leben, wenn man sich — auch unausgesprochen — darin einig ist, den Stil des anderen und seiner Umgebung zu tolerieren. Sollten Sie aber dazu nicht bereit sein, dann würden Sie in der Tat nicht weniger als Ihre Liebe aufs Spiel setzen.

Wie immer Sie Ihre Verlobung verstehen mögen — Sie haben sich für dieses Mädchen entschieden. Sie wollen das Leben dieses geliebten Menschen für immer mit dem Ihrigen vereinen. Gelingen wird Ihnen das aber nur dann, wenn Sie bereit sind, Ihre anerzogenen und allzu gewohnten Wertmaßstäbe selbstkritisch zu überprüfen. Alles für Sie persönlich bisher so selbstverständlich Geltende muß ja keineswegs für Ihre gemeinsame Zukunft gültig sein. Ehefähig wird man nur, wenn man den Mut hat, alle überkommenden Vorstellungen, gestanzten Vorurteile und eingefahrenen Manieren zu revidieren. Wer darin nicht frei ist für den Partner, sollte besser nicht heiraten.

Machen Sie nicht den entscheidenden Fehler, daß Sie sich selbst und die Familie, aus der Sie kommen, zur Norm erheben? Nehmen Sie nicht unkritisch die Ehe Ihrer Eltern zum naturgetreuen Leitbild für Ihre gerade begonnene Gemeinsamkeit? Wenn Sie aber die Mühe scheuen, sich selbst in die Hand zu bekommen um dieses einen Menschen willen, den Sie lieben, dann werden Sie eines Tages anfangen, auch Ihrer Verlobten ihr Anderssein zu verübeln, das Sie für Ihre eigene Person so selbstverständlich durchsetzen möchten.

Sie fragen nach einer Lösung für Ihr Problem. Es gibt nur eine. Sie liegt in der Goldenen Regel wahrer Mitmenschlichkeit, die Sie übrigens in der „Bergpredigt" nachlesen können: „Alles, was Ihr wollt, das euch die Leute tun sollen, das tut ihnen auch!" Für Ihre Situation bedeutet das praktisch: Erweisen Sie der Familie Ihrer Braut, insbesondere den Eltern, die Achtung, die ihnen gebührt. Nicht, weil man es von Ihnen so erwartet, sondern aus Überzeugung. Die angeblich „leere Form" der Höflichkeit wird Ihnen dabei eine unersetzliche Hilfe sein. Bekennen Sie sich zu der Überzeugung, ohne die auch die Goldene Regel nicht mehr wäre als ein psychologischer Kniff: Daß jeder Mensch ein einmaliges, unwiederholbares Bild Gottes ist.

▪

Ein französischer Aristokrat, der mit anderen Opfern der Revolution unter unbeschreiblichen Verhältnissen in einem überfüllten Kerker wochenlang zusammengepfercht war und in letzter Minute mit ihnen gerettet wurde, schrieb über diese schwerste Zeit seines Lebens: „Es war gar nicht so schlecht. Die Leute hatten alle Manieren!"

Es war kurz nach dem Kriege. Alle fuhren noch Straßenbahn, also auch der neue Direktor unseres Gymnasiums und seine Schüler. Auf der Heimfahrt von einer Deutschstunde, in der die Ideale der Humanität beschworen worden waren, stürzte der Schaffner auf unseren Direktor zu: „Mensch, Karl, daß ich dich sehe! — Weißt du noch, als wir 1941 vor Smoliensk . . . ganz vorne . . . ?" Unser Direktor wurde eisig und preßte die Worte heraus: „Wie geht es Ihnen —?" Gleichzeitig hatte er die Autorität bei seinen Schülern verspielt bis zum Abitur.

Niemand kann sich selber ausdrücken ohne Form. Wer sich aber mit seinen Manieren nur auf sich selber bezieht, ist manieriert, ein Snob. Man kann gesellschaftliche Formen benutzen, um niederträchtig und infam miteinander umzugehen. Und man kann die gleichen Formen benutzen, um achtungs- und respektvoll miteinander umzugehen.

Erwin Krämer

Höflichkeit ist eine Münze, die den reich macht, der sie ausgibt.

Chinesisches Sprichwort

Er vergißt den Hochzeitstag

Sie werden vielleicht lachen, mich komisch oder altmodisch finden; aber es wurmt mich jedesmal unsagbar, wenn mein Mann unseren Hochzeitstag vergißt. Nicht, daß unsere Ehe so schlecht wäre, oder daß er mich ansonsten vernachlässigen würde. Im Gegenteil!

Aber gerade darum kann ich nicht verstehen, daß Georg den Tag vergißt, an dem wir vor dem Traualtar gestanden haben. Immer muß ich es sein, die ihn daran erinnert. Es ist nun schon das dritte Mal in unseren sechs Ehejahren. Ich frage mich: Wie kommt das? Absicht? — Gleichgültigkeit? — Das kann ich nicht glauben!

Ich habe gehört, alles Vergessen soll einen tieferen Grund haben, über den man sich oft selbst nicht im klaren ist. Was könnte es denn bei meinem Mann sein? Vielleicht ein schlechtes Gedächtnis für Daten? Aber er vergißt doch auch nicht den Geburtstag unserer kleinen Eva, die jetzt bald vier Jahre wird, und auch meinen nicht. Es muß ja nicht gleich ein großes Geschenk sein zum Hochzeitstag. Bloß daran denken — warum tut er das nicht? Bewußt kränken will er mich sicher nicht. Sie werden denken: Ist denn das eigentlich so schwerwiegend? Dennoch, ich kann mir nicht helfen, es tut mir weh.

Und noch eine andere Frage, die Sie mir vielleicht gar nicht beantworten können: Warum bin ich eigentlich in diesem Punkt so furchtbar empfindlich? Ich bin doch sonst gar nicht so. Nicht, daß ich beleidigt wäre und ihm das nachtrüge; aber ich komme so schwer darüber hinweg. Ich quäle mich heimlich damit herum — ganz gegen meine Natur.

Wenn ich ihn schließlich erinnere, zeigt er sich sehr betroffen. Er kommt dann mit einem Riesen-Blumenstrauß. Und dennoch — meine Enttäuschung ist damit nicht vorbei. Ob Sie mir wohl helfen können, ihn und mich besser zu verstehen?

ANTWORT:

Die Erfahrung lehrt: Männer sind in diesem Punkte vergeßlicher als Frauen. In der Bibel, gleich auf den ersten Blättern, finden Sie einen Hinweis dafür, der Ihnen vielleicht auf den ersten Blick gar nicht einleuchten mag. Da heißt es vom Manne: Er „verläßt Vater und Mutter, um seinem Weibe anzuhangen“. Bei ihm ist die Bindung an die geliebte Frau mächtiger als seine Bindung an die leiblichen Eltern. Darum sagt der Volksmund: Heiratet ein Sohn, dann geht ein Kind endgültig aus dem Hause; heiratet die Tochter, dann bekommen die Eltern einen Sohn hinzu.

Mann und Frau leben zwar in derselben Welt; aber sie er-leben die Welt — und auch die Ehe — verschieden. Im Gedächtnis der Frau haftet der Geburtstag ihrer Ehe, „der Tag, an dem wir vor dem Traualtar gestanden haben“. Frauen haben — anders als Männer — ein erstaunliches Gedächtnis für das Auf und Ab, für die Daten und Ereignisse der gemeinsamen Lebensgeschichte. Es muß also gar nicht ein bedenkliches Omen sein, wenn Ihr Mann den Hochzeitstag vergißt.

Damit soll freilich nicht die Gleichgültigkeit entschuldigt oder verharmlost werden, in der viele Männer an ihrer Frau vorbeileben, weil ihnen der Beruf, der Sport oder der Stammtisch wichtiger sind als ihre Ehe. Und um nun Ihre Frage nicht mit einer vorschnellen Erklärung abzutun: Auszuschließen ist das nicht, daß Ihr Mann tatsächlich Probleme hat, aber nicht den Mut, sie auszusprechen. Verrät er sich etwa darin durch seine Vergeßlichkeit? Sie möchten dieses Vergessen nur zu gern mit seinem schlechten Datengedächtnis entschuldigen, entdecken aber sogleich, daß diese Erklärung nicht sticht. Das Gedächtnis ist ja nicht eine Art Talent, eine ‚Anlage', die der eine dem anderen voraushat. Es gehört vielmehr irgendwie zu uns selbst wie unser Temperament. Je bewußter wir die Gegenwart erleben, um so lebendiger wird unser Erinnern sein. Sollte das nicht insbesondere für das gemeinsam Erlebte gelten, für die Ehe? Weil es hier um das Persönlichste geht, sagen wir auch nicht: „Mein Gedächtnis erinnert sich.“ Wir sagen vielmehr: „I c h erinnere m i c h.“ Und wo ich nicht selbst drinstecke, da bin ich auch nicht wirklich zuhause, da verläßt mich meine Erinnerung. Ihr Problem ist zugleich das Ihres Mannes. Darum liegt viel daran, daß nicht nur Sie sich fragen, sondern gleichermaßen Ihr Mann: „Was ist eigentlich mit mir los?“

Warum Sie dieses Vergessen so ärgert? Gewiß ist jeder Mensch darauf angewiesen und lebt davon, daß er bestätigt wird. Doch ist es nicht so, daß eine Frau — anders als ein Mann — nach immer neuer Bestätigung verlangt? Die weibliche ‚Natur', ihre Bestimmung, ist ganz darauf angelegt, liebevoll erkannt und anerkannt zu werden. Darum trifft es Sie so empfindlich, wenn Ihr Mann den Hochzeitstag vergißt. Denn nichts tut so weh wie das Übersehenwerden.

Vielleicht denken Sie: Könnte denn nicht der Geburtstag unserer Ehe die lähmende Monotonie des Gewohnten durchbrechen? Wie kann er bloß diesen schönen Tag vergessen! Und damit haben Sie recht. Doch allein werden Sie das Problem nicht schaffen. Suchen Sie die Hilfe eines unparteiischen und kompetenten Dritten auf. Machen Sie von der Möglichkeit Gebrauch, ein Gespräch zu dritt mit einem Eheberater zu führen. Sie solten dabei die Möglichkeit nicht ausschließen, daß Ihr Mann seine Schwierigkeiten verdrängt.

Verglichen mit den großen Schmerzen und Enttäuschungen des Lebens ist Ihr Problem freilich harmlos und undramatisch. Belanglos ist es nicht! Wenn wir nämlich die kleinen Fragen, die uns das Leben aufgibt, nicht ernst nehmen, wenn wir das einfach auf sich beruhen lassen, worin sich das Anderssein des Partners ausdrückt, werden wir uns schließlich auch über die großen Schwierigkeiten hinwegmogeln. Nein, Sie haben keinen Grund, sich wegen Ihres Briefes komisch vorzukommen.

▪

Mann und Frau sind biologisch verschieden. Sie spielen
einander gegenüber psychisch verschiedene Rollen
und ihr Auftrag von Gott her ist verschieden. Das kommt aber
gerade daher, daß sie füreinander geschaffen sind,

aufeinander abgestimmt sind und einander notwendig ergänzen. Im Augenblick, wo sie innerhalb des Paares die gleiche Rolle spielen wollen, hört die Partnerschaft auf, und es beginnt ein unfruchtbarer Machtkampf.

Theodor Bovet

Zwar gibt es kulturgeschichtlich bedingte Klischees, die irrtümlich für „das Wesen des Mannes" und für „das Wesen der Frau" gehalten werden. Auch ist bekannt, daß Weibliches in jedem Manne angelegt ist, und umgekehrt. Doch liegt nicht eben hier der Grund dafür, daß der Mann dieselben Eigenschaften anders ausprägt und das Menschliche insgesamt anders ausdrückt als die Frau? Daß es zu den ‚Rollen' der Frau gehört, Kinder zu gebären und zu stillen, daß sie — ganz anders als der Mann — in einen biologischen Rhythmus eingebunden ist, macht die Wesensverschiedenheit der Geschlechter unübersehbar. Wenn's drauf ankommt, erweisen sich Mann und Frau zu allen Zeiten als Adam und Eva.

Der Autor

Nie könnte Persien meine Heimat werden

Mein Mann ist Perser. Ich lernte ihn nach meinem 21. Geburtstag in einem Hannoverschen Krankenhaus kennen, wo er mit einer Meniskusverletzung lag und wo ich als Schwester arbeitete. Er war 22 und hatte gerade seine Ausbildung als Ingenieur begonnen, die ihm durch die Entwicklungshilfe finanziert wird. „Wenn ich fertig bin, muß ich zurück nach Persien", sagte er.

Wir liebten uns so sehr, daß ich alle Bedenken und Warnungen beiseiteschob und gegen den Willen meiner Eltern nach einem halben Jahr seine Frau geworden bin. Da ich an meinem evangelischen Glauben festhalten will und ihm einen Religionswechsel nicht zumute, haben wir uns weder nach christlichem noch nach mohammedanischem Ritus, sondern nur standesamtlich trauen lassen.

In der Hochzeitsnacht erklärte er mir, in Persien werde er erst dann als ein vollwertiger Mann gelten, wenn er einen Sohn habe. Als ich nach neun Monaten statt des erhofften Jungen ein Mädchen zur Welt brachte, war mein Mann mit einem Schlage total verändert. Ich lag noch im Wochenbett, als er damit anfing, mich zu schlagen, obwohl es eine Geburt auf Leben und Tod gewesen war. So sehr er mich geliebt und verwöhnt hatte, so entschieden lehnt er mich seither innerlich ab und behandelt mich wie eine Magd.

Seine Berufsausbildung brach er kurzerhand ab und blieb zu Hause. Nur notdürftig versorgte er die kleine Eva, während ich hart arbeiten mußte, um uns drei durchzubringen. „Du bist ein Blindgänger; Du blokkierst meine Zukunft", beschuldigte er mich. Mein ‚Versagen' als Frau sollte ich nun büßen.

Das Geld von der Entwicklungshilfe wurde gestrichen. Er lag den ganzen Tag zuhause herum, schlief ergiebig und schonte sich. Wenn ich abends von dem anstrengenden Stationsdienst kam, saßen nun seine persischen Kollegen bei uns herum, ohne von mir Notiz zu nehmen. Diese Menschen, die seither täglich bei uns ein- und ausgingen, empfand ich plötzlich als wesensfremd. Ja, ich habe das Gefühl, sie hassen mich. Nie wird Persien meine Heimat werden können.

Als mich mein Mann wieder einmal grundlos geschlagen hat, habe ich kurz entschlossen Eva zu meinen Eltern gebracht und in Köln eine Stelle im Krankenhaus angenommen. Doch was ich befürchtete trat ein: Mein Mann spürte mich auf und drohte damit, endgültig nach Teheran abzureisen und Eva mitzunehmen.

Nur um mein Kind zu behalten, bin ich zu ihm zurückgekehrt. Er hat seine Ausbildung wieder aufgenommen. Aber die Ehe ist für mich ein Martyrium. Auf Schritt und Tritt fühle ich mich von den Persern beobachtet. Das Schlimmste ist, Eva hat die Staatsangehörigkeit ihres Vaters. Nach persischem Recht kann er sie in seine Heimat bringen, wenn sie ihr sechstes Lebensjahr vollendet hat. Dagegen bin ich machtlos.

So schwebe ich in tausend Ängsten. Selbst die Hoffnung, als zweites Kind einen Sohn zu bekommen, besteht nicht. Nach der schweren ersten Geburt raten die Ärzte dringend von einer weiteren Schwangerschaft ab.

Auch Sie werden mir kaum einen Ausweg zeigen können. Ich bitte Sie aber sehr, diesen Brief zu veröffentlichen. Wenn sich auch nur e i n Mädchen durch mein Schicksal warnen läßt und dadurch vor solchem Elend bewahrt bleibt, dann hat es sich gelohnt.

ANTWORT:

Für ihre Ehe gibt es nach menschlichem Ermessen keine Zukunft. Dennoch ist Ihre Lage nicht ausweglos. Zwar wird Ihnen niemand Entscheidungen abnehmen und Schmerzen ersparen können, wenn Sie um Ihre Befreiung aus dem Gefängnis dieser Ehe und für Ihr Kind kämpfen. Es ist wahr: Persien kann niemals Ihre Heimat werden. Würde Ihr Mann Sie dorthin mitnehmen, so wäre Ihr Schicksal und das Ihres Kindes besiegelt. Darum werden Sie sich endgültig von Ihrem Mann trennen müssen. Sie müssen zwischen zwei Welten wählen, die sich durch keinen Kompromiß auf eine gemeinsame Formel bringen lassen.

Ihr Kind hat die Staatsangehörigkeit des Vaters; doch Ihre Ehe ist vor einem deutschen Standesamt geschlossen worden. Es wird Ihnen zustatten kommen, daß sich unsere diesbezügliche Rechtssprechung in den letzten Jahren entscheidend geändert hat. Durch die Zerrüttung Ihrer Ehe, insbesondere durch das tyrannische Verhalten Ihres Mannes, ist für Sie eine Notlage entstanden, in der Ihnen der Vormundschaftsrichter das vorläufige alleinige Sorgerecht übertragen wird. Auch den Wohnort Ihres Kindes werden dann nur Sie bestimmen können.

Im Einführungsgesetz zu unserem Bürgerlichen Gesetzbuch heißt es zwar (EGBBG Art. 17): „Für die Scheidung der Ehe sind die Gesetze des Staates maßgebend, dem der Ehemann zur Zeit der Erhebung der Klage angehört". Diese Bestimmung stößt aber auf die Grenze, die durch den Artikel 30 dieses Gesetzes gezogen ist. Danach ist die Anwendung eines ausländischen Rechtes ausgeschlossen, wenn sie „gegen die guten Sitten und gegen den Zweck eines deutschen Gesetzes verstoßen würde". Ihre Ehe wird in der Bundesrepublik also keineswegs nach dem Heimatrecht Ihres Mannes geschieden. Und kein deutscher Vormundschaftsrichter wird sich unter solchen Umständen von den persischen Rechtsgrundsätzen leiten lassen, vielmehr ausschließlich von dem Bemühen um das Wohl des Kindes.

Sie werden aber damit rechnen müssen, daß Ihr Mann versuchen wird, das Kind nach Persien zu bringen — auch und gerade dann, wenn der Richter Ihnen das alleinige Sorgerecht zuspricht. Von dort würden Sie Eva kaum jemals zurückbekommen; denn so weit reicht unser deutsches Recht nicht! Darum sollten Sie sich baldmöglichst einen erfahrenen Anwalt nehmen und wegen Zerrüttung der Ehe durch das einseitig schuldhafte Verhalten Ihres Mannes, insbesondere durch die körperlichen Mißhandlungen, auf Scheidung klagen.

Ihr Mann hat sich verpflichtet, in den Iran zurückzukehren. An dem Kind liegt ihm im Grunde nichts, weil es ein Mädchen ist, wie ihm auch an Ihnen nichts mehr liegt. Sie müssen aber damit rechnen, daß er seine Drohung wahrmachen und vor einem Kidnapping nicht zurückschrecken wird. Sie werden sich fragen: Droht er vielleicht nur damit, um mich einzuschüchtern und gefügig zu machen? — Will er sich an mir rächen? — Oder will er der Verpflichtung entgehen, für Eva das Geld zum Lebensunterhalt nach Deutschland überweisen zu müssen? Das Letzte ist sehr unwahrscheinlich; denn ein persisches Gericht würde ihn schwerlich verurteilen, wenn er seinen Unterhaltsverpflichtungen nicht nachkäme.

Was immer die Motive Ihres Mannes sein mögen: Sie wollen und müssen Eva vor einem ungewissen Schicksal bewahren, davor, daß sie ohne Liebe aufwächst. Sie würden unsagbare Schuld auf sich laden, wenn Sie es in ängstlicher Unterwürfigkeit nicht verhindern würden, daß Ihr Mann schließlich bei Nacht und Nebel mit Eva verschwindet. Darum werden Sie Ihr Kind vor dem Zugriff Ihres Mannes verstecken müssen. Tun Sie es in der Gewißheit, daß in diesem Fall der Zweck die Mittel heiligt. Es ist sehr unwahrscheinlich, daß er schließlich von Persien aus weitere Anstrengungen machen wird, Eva zu bekommen. Ihre mütterliche Verantwortung ist unvereinbar mit dem blinden Gehorsam, den die Mohammedaner von ihren Frauen erwarten. Hier steht der Geist der Liebe gegen den Buchstaben eines fremden Gesetzes. Hier steht Christus gegen Mohammed.

Sie haben gebeten, Ihren Brief zu veröffentlichen, weil Sie gutgläubige deutsche Mädchen vor einem ähnlichen Schicksal bewahren möchten. Aus demselben Grunde fügen wir unserer Antwort noch einige grundsätzliche Überlegungen hinzu.

Es wäre unsachlich und ungerecht, den vorstehenden „Fall" kurzschlüssig zu verallgemeinern; denn noch lange nicht jeder Perser würde seine deutsche Frau so schäbig behandeln. Die Ehewirklichkeit mohammedanischer Prägung entspricht gewiß auch nicht den Darstellungen aus der Illustriertenperspektive mit Haremsdamen und verschleierten Sklavinnen männlicher Gebieter. Im modernen Orient ist die Frau nicht mehr die Sklavin des Mannes. Dennoch liegt für sie das Leitbild der emanzipierten Europäerin und einer Gleichberechtigung der Geschlechter noch in unerreichbarer Ferne. Sinn und Inhalt ihres Daseins erschöpfen sich darin, daß sie in der Sorge für ihren Mann und für die Kinder aufgeht. Das Familienleben spielt sich bei offenen Türen ab. Es ist ein stetes Kommen und Gehen wie in einem Taubenschlag. Bleibt die Frau Christin, so kann sie ihren Mann nicht beerben. Die Kinder können ihr nach dem sechsten Lebensjahr weggenommen werden.

Weil dies alles noch heute geschieht, bricht über manche Frau unvorstellbares Leid und Unheil herein, wenn sie mit einem utopischen, traumhaft verklärten Bild von Ehe- und Familienleben die abgründigen Unterschiede zwischen europäisch-christlicher und orientalisch-islamischer Lebenswirklichkeit verdeckt. Viele Mädchen, die sich das Paradies in dieser fremden Welt erträumt haben, erleben die Hölle. Das Ausmaß der Demütigungen und die Verletzung der Menschenwürde, die aus der religiös begründeten und keineswegs als unmenschlich empfundenen Abhängigkeit der Frau kommen, sind unvorstellbar. Die Wirklichkeit kann grausam sein. Denn noch immer gilt, was Mohammed in der Sure ‚Al-Nisa' (Sure 4, Vers 35) des Koran geschrieben hat, als Evangelium: „Denjenigen Frauen aber, von denen ihr fürchtet, daß sie euch durch ihr Betragen erzürnen, gebt Verweise, enthaltet euch ihrer, sperrt sie in ihre Gemächer und züchtigt sie." Diese tiefe Kluft, die sich hier zwischen Mann und Frau auftut, kann durch keine noch so leidenschaftliche Liebe, geschweige denn durch Verliebtheit, überwunden werden.

Wir Deutschen neigen dazu, naiv unwissentlich das eigene Wesen als Standardmaßstab anzulegen, wenn wir fremden Wesensarten begegnen. Das ganz Andere löst bei uns Fehlreaktionen aus. Es ist uns, als würde uns der Boden unter den Füßen weggezogen, wenn wir Europa mit dem Orient vertauschen. Unser abendländisches Denken, Fühlen und Wollen sind durch unsere Kultur geprägt. Niemand entrinnt seiner ererbten Art, auch nicht dem Ehepartner zuliebe.

Für eine Frau, die ihrem mohammedanischen Manne in seine Heimat folgt, gibt es kaum ein Zurück. Sie muß sich also dafür entscheiden, eine ganze Welt von Traditionen hinter sich zu lassen. Mag auch die moderne Ehe im Orient unseren Vorstellungen nähergerückt sein, so bleibt doch jede Kultur eine in sich geschlossene Welt, ein lebendiger Organismus. Das Risiko beim Hinüberwechseln in einen fremden Kulturkreis ist dem einer Organtransplantation vergleichbar. Wesensverschiedene Elemente müssen in die engste aller menschlichen Bindungen eingehen, wenn eine Europäerin einen Moslem heiratet. Gewiß ist jede Ehe mit einem Risiko verbunden. Aber dieses Risiko vervielfacht sich, wenn Mann und Frau grundverschiedenen Kulturen angehören.

Im Kraftfeld Mohammeds ist der Koran das Fundament aller Gesetze. Dem quer durch alle islamischen Länder sich ausbreitenden Modernismus und seiner radikalen Verweltlichung zum Trotz wird diese Welt auch heute noch zutiefst durch die Lehre des Propheten Allahs geprägt.

▪

Bei einem Podiumsgespräch der Bochumer Eheschule mit farbigen Studenten, Ägyptern, Persern und Indonesiern unter Leitung von Chefredakteur Dr. Gerhard E. Stoll fand Mrs. Misra aus Bombay für die Stellung der indischen Frau diesen Vergleich: „Bei uns ist die Tochter ein Schmuckstück, das vom Vater treuhänderisch verwahrt wird, bis es mit der Hochzeit in die Hand des rechtmäßigen Besitzers kommt“.

Männer sollen vor Frauen bevorzugt werden, weil Allah auch die einen vor den anderen mit Vorzügen begabte und auch, weil jene diese erhalten.

Koran: Aus der Sure 4: ‚Al-Nisa'

Wenn du nach Hause kommst, prügle deine Frau.
Wenn du nicht weißt warum — sie wird's wohl wissen.

Ägyptische Spruchweisheit

III. VORURTEILE

Wenn man nur noch hassen kann

Vorurteile über das andere Geschlecht sind ebenso zählebig wie pharisäisch. „Frauen sind unlogisch", behauptet Herr Durchschnitt. Eine Sechzehnjährige resümiert ihre Lebenserfahrungen mit der pauschalen Feststellung: „Die Männer wollen ja doch alle immer bloß dasselbe von einer Frau!" —

Da werden Gruppen und Sippen gegeneinander ausgespielt. „Bei uns gäb's so was nie. Das wäre in meiner Familie nie vorgekommen!", behauptet ein Ehemann mit spürbarem Stolz auf seine Verwandtschaft. „Aber darauf können Sie sich verlassen: Ich als Mann werde da nie nachgeben!", versichert er.

Schließlich wird auch der eigene Ehegatte durch die Brille der Vorurteile gesehen. Auch er wird abgestempelt — ob mit Worten oder bloß in Gedanken: „Du bist eben phantasielos und unbeweglich!" Oder: „Du wirst ja sowieso wieder versagen." Wir wägen dann den Charakter des anderen mit dem Daumen auf der Waagschale.

Vom bloßen Beurteilen zu starren Vorurteilen, von den nicht mehr kontrollierten Pauschalurteilen zum blinden Haß ist es oft nur ein kleiner Schritt. Wer haßt, kann nicht vergeben — weder seinen Schuldigern noch sich selbst. Ein Vorurteil ist eben eine Meinung, die einen Menschen zu ihrem Gefangenen macht.

Wenn wir aber die Menschen, mit denen wir umgehen, abstempeln und sie in unser starres psychologisches Koordinatensystem einordnen, tun wir dem Leben Gewalt an. Denn jeder Mensch — wo und wie auch immer er leben mag — ist mehr als ein Typ. Er ist original, auf ein Bild hin entworfen, das nur der zu sehen vermag, der liebt. Nur wer liebt, wird die Einzigartigkeit und die Einmaligkeit des anderen entdecken.

Eine von uns beiden ist hier zuviel

Mein Mann ist ein grundguter Mensch. Dennoch habe ich in unserer fünfjährigen Ehe viel Kummer in mich hineinfressen müssen. Aber einmal kommt der Punkt, daß man nicht mehr an sich halten kann. So weit ist es gestern gekommen, als ich meinen Mann nach seiner Kur am Zug abholen wollte. Wie hatte ich mich auf das Wiedersehen gefreut nach wochenlanger Trennung! Doch als ich auf den Bahnsteig komme und vor mir meine Schwiegermutter sehe mit einem großen Blumenstrauß, hat mir vor Erregung das Herz im Halse geschlagen. Und dann die Szene, als mein Mann aus dem Zug steigt. Sie stürzt vor mir her auf ihn zu, fällt ihm um den Hals und küßt ihn ab. Ich habe danebengestanden, als gehörte ich nicht dazu. Als sie dann, ohne zu fragen, gleich mit zu uns gekommen ist, obwohl sie ihre eigene Wohnung hat, war es mit meiner Selbstbeherrschung vollends vorbei. „Eine von uns beiden ist hier zuviel!", rief ich außer mir. Empört schlug sie die Haustür zu. Mein Mann lief ihr nach und kam erst nach einer halben Stunde zurück.

Immer wieder versteht es meine Schwiegermutter, eine Wand der Fremdheit zwischen uns zu ziehen. Überall erzählt sie, unser kleiner Steffen schlage eindeutig nach seinem Vater. Von meiner Seite habe er rein gar nichts. Mein Mann hingegen hat festgestellt, ich sei seiner Mutter so ähnlich. Er versucht immer wieder, eine Lanze für sie zu brechen: Wie viel Lebenserfahrung sie doch habe, und wie viel ich von ihr lernen könne! Er merkt gar nicht, wie sich dann alles in mir sträubt. Schließlich habe ich doch ihn geheiratet und nicht seine Mutter dazu!

Manchmal schäme ich mich meiner Haßgefühle und erschrecke über mich selbst, weil ich so unbeherrscht bin. Ich fühle, daß ich damit nicht nur das Verhältnis zu meiner Schwiegermutter restlos verderbe, sondern zugleich unsere Ehe gefährde.

Ich habe gehofft, diese negative Einstellung zu überwinden und mich freier zu fühlen, wenn ich halbtags im Büro arbeite. Tatsächlich bin ich jetzt noch abhängiger. Meine Schwiegermutter bestimmt praktisch über meinen Haushalt und über Steffens Erziehung.

Herr K. schreibt:

Meine Frau hat angedeutet, daß sie Ihnen geschrieben hat. Ich bin nicht weniger ratlos als sie. Damit Ihnen vielleicht unsere Situation verständlicher wird, schreibe ich diese Zeilen.

Wir lieben uns sehr; aber unsere Ehe ist krank. Meine Mutter meint es herzlich gut mit uns. Sie hilft uns, wo und wie sie nur kann. Sie opfert einen großen Teil ihrer Rente und ihrer Zeit. Sie ist 60 und noch sehr rüstig. Vormittags versieht sie den Haushalt und betreut unseren vierjährigen Steffen, damit meine Frau unbeschwert ihrer beruflichen Arbeit nachgehen kann. „Eine solche Frau habe ich mir immer für Dich gewünscht!“, hat sie oft gesagt. Diese Einstellung hat sie noch heute.

Meine Mutter hat in ihrem Leben viel Leid erfahren. Als ich 14 Jahre war, starb mein Vater. Ich erinnere mich, er war sehr jähzornig.

Ich kann mit meiner Mutter über alles sprechen. Und ausgerechnet sie, der wir so viel verdanken, ist — ganz gegen ihre Absicht — oft der Anlaß zu dem Unfrieden in unserem Hause. Meine Frau spricht dann tagelang kaum ein Wort. Unsere Ehe ist in Gefahr. Sehen Sie eine Lösung für unser Problem?

ANTWORT:

Sie haben getrennt geschrieben. Die Antwort ist an Ihre gemeinsame Adresse gerichtet. Sie soll Ihnen helfen, Ihr Problem einmal aus der Sicht eines unbeteiligten Dritten zu sehen. Ihr Verhalten, Herr K., zeigt, wie schwer es Ihnen fällt, sich vom Sohn zum Ehemann zu wandeln. Und doch hängt vom Gelingen dieses Rollenwechsels nicht weniger ab als das Glück Ihrer Ehe, nicht zuletzt auch das Schicksal Ihres Kindes. Sie führen Ihre Ehe im Schatten Ihrer Mutter. Anstatt diese innere und äußere Bindung mehr und mehr zu lösen, ziehen Sie stets Ihre Mutter ins Vertrauen, selbst bei den Problemen, die nur Sie und Ihre Frau angehen. Anstatt Schritt für Schritt unabhängiger zu werden, begeben Sie sich auch noch in finanzielle Abhängigkeit. Sie überlassen der alten Dame die Führung des Haushaltes und die Erziehung Ihres Jungen. Es kann und darf doch nicht die Aufgabe der Mutter sein, die junge Familie zu tragen und zu führen. Es ist höchst bedenklich, wenn hier die Kompetenzen verwischt und vermischt werden. Sie sitzen — alle drei — zwischen zwei Stühlen, solange Sie in solcher Abhängigkeit voneinander leben.

Im Unterschied zu Ihrer Frau, die in die Berufstätigkeit zurückgeflohen ist, sehen Sie in all dem einen Gewinn und empfinden es als seelischen Halt, wenn Sie sich so stark an Ihre Mutter anlehnen. Wissen Sie denn nicht, wie sehr Sie damit die Stabilität und die Entfaltung Ihrer Ehe gefährden? Unmerklich aber sicher werden Sie durch Ihre Mutter beeinflußt. Hier liegt die entscheidende Ursache dafür, daß Sie bis heute kein richtiges Ehepaar geworden sind. Eine Ehe zu dritt — das ist ein Unding! Die Erfahrung lehrt, Mann und Frau sollten nicht Tag für Tag mit den Eltern oder mit einem Elternteil zusammensein, es sei denn, daß es keine andere Lösung gibt. Wer sich dennoch um wirtschaftlicher Vorteile willen für ein so enges Zusammenleben entscheidet, muß das teuer bezahlen. Nicht so, als hätte die Mutter keinen Platz in Ihrer Familie. Sie sollte Ihnen als lieber Gast willkommen sein, aber eben wirklich als Gast. Und Gäste pflegen ihre Besuche anzukündigen.

Sie, Frau K., schreiben: „Schließlich habe ich doch ihn geheiratet und nicht seine Mutter dazu!" Damit haben Sie recht und auch wieder nicht. Denn in gewisser Weise heiratet jeder tatsächlich die Familie des Partners mit. Der andere ist nun einmal in seiner Familie der geworden, der er heute ist; selbst dann, wenn er in ständiger Opposition zu Vater und Mutter oder zu seinen Geschwistern gelebt hätte.

Bei aller berechtigten Kritik an dem Verhalten Ihres Mannes sollten Sie sich bemühen, seine starke Mutterbindung besser zu verstehen. Im Leben eines jeden Mannes ist ja stets die Mutter die erste Frau und — so merkwürdig das klingen mag — die erste Geliebte. Durch die Mutter erlebt er von frühester Kindheit an, was Liebe, was Zuwendung ist. Und wenn überdies die elterliche Ehe nicht gerade glücklich gewesen ist, liegt es nah, daß sich die Mutter noch stärker dem Sohn zuwendet. Durch den frühen Tod des Vaters ist Ihr Mann bereits in jungen Jahren in die Rolle des wichtigsten Partners seiner Mutter hineingewachsen. Und die nicht erfüllte Liebe der Mutter hat in dem Sohn einen Ersatz gesucht. Das Bild, das er von seiner Frau in sich trägt, ist durch diese frühkindlichen Erlebnisse entscheidend geprägt. Seine Andeutung, Sie erinnerten ihn so sehr an seine Mutter, verrät, daß er in Ihnen nicht nur die Geliebte, sondern eben das Mütterliche gesucht hat. Das alles ist verständlich und natürlich. Aber es ist eine Gefahr, die Sie beide erkennen und nicht unterschätzen sollten.

Diese Gefahr läßt sich nur bannen, wenn man ihr eine entschiedene eigene Lebensgestaltung entgegensetzt. Sie werden — beide! — den Mut aufbringen müssen, Ihr Problem so zu sehen, wie es wirklich ist. Eine erkannte Gefahr ist schon halb entmachtet; aber eben nur halb. Tatsache ist doch, Sie wollten der kritischen Lage ausweichen, indem Sie Halbtagsarbeit annahmen. Sind Sie damit aber nicht in noch viel größere Abhängigkeit geraten von Ihrer Schwiegermutter, die Sie nun im Haushalt und in der Betreuung des kleinen Steffen vertritt?

Ihre Ehe wird aber nur dann erfüllt sein können, wenn Sie, Herr K., unter allen Umständen und in jeder Situation eindeutig zu Ihrer Frau stehen. Ihr gehört der erste Platz in Ihrem Herzen, nicht Ihrer Mutter. Ihr Verhalten verrät eine falsch verstandene Dankbarkeit des Sohnes gegenüber der Mutter. Diese Bindung wird durch die finanziellen Zuwendungen noch verstärkt. Niemand kann zwei Menschen in gleicher Weise lieben. Sie können Ihre Gefühle nicht zwischen Ihrer Frau und Ihrer Mutter aufspalten. Sie können nicht der liebende Ehemann und zugleich der „liebe Junge“ Ihrer Mutter sein wollen.

Die Entschiedenheit, ohne die Sie die Krise Ihrer Ehe nicht bestehen können, hat nichts mit blinder Verliebtheit oder mit kritikloser Hörigkeit zu tun. Sollte Ihre Frau der Schwiegermutter Unrecht tun — und davon fühlt sie sich keineswegs frei — dann müssen Sie, um der Liebe willen, dieses Unrecht beim Namen nennen. Freilich unter keinen Umständen, solange Ihre Mutter dabei ist, sondern unter vier Augen. Nicht in der Rolle des Richters, sondern des Mitverantwortlichen.

Bekanntlich wollen Schwiegermütter im allgemeinen nur das Beste. Das gilt auch in diesem Falle. Der „Überfall“ auf dem Bahnsteig und die Bemerkungen über die angeblich fehlende Familienähnlichkeit des kleinen Steffen mit seiner Mutter sind zwar instinktlos, aber wohl kaum der Ausdruck abgründiger Bosheit.

Ihre Frau klagt sich insgeheim selbst an wegen ihrer Unbeherrschtheit. Auch sie wünscht ja doch nichts sehnlicher als Frieden. Das Verhältnis zwischen den beiden Frauen wird im Quadrat des räumlichen und zeitlichen Abstandes besser werden. Es ist vor allem Ihre Aufgabe, Herr K., diesen Abstand herzustellen. Entschiedenheit und Härte sind nicht Lieblosigkeit.

▪

„Würde diese Frau ein wenig Verständnis für ihre Schwiegermutter aufbringen, dann könnte sie nicht nur diese, sondern auch ihren Mann glücklich machen.
Ja, auch sie selbst würde ihres Lebens wieder froh werden.
Anstatt ihrem Mann Vorhaltungen und Szenen zu machen, sollte sie an ihr Kind denken und lernen, sich zu beherrschen.

Auch Frau K. wird sicher einmal Schwiegermutter. Möchte sie, daß der kleine Steffen sie dann so abtut, wie sie es von ihrem Mann erwartet? — Gäbe es mehr Schwiegertöchter mit Herz und Gemüt, gäbe es auch weniger Leid und weniger Einsamkeit."

Eine kritische Gegenstimme

Ich kann nicht zugleich Mann meiner Frau und Kind meiner Eltern sein. Das Schwiegermutterproblem besteht nicht in der Existenz einer Schwiegermutter, und es ist auch kein Problem, das von der Schwiegermutter allein ausginge. Die Problematik liegt in dem Versuch eines Partners, sich die Kindheitssonne in die Ehe hinein zu retten.

Wilhelm J. Revers

Diese Mediziner haben meine Frau auf dem Gewissen

Als ich gestern ganz absichtslos in meinem Kalender blätterte, stieß ich auf ein Wort, das mir unter die Haut gegangen ist: „Wer nicht vergeben kann, der kann auch nicht lieben." Ich schäme mich nicht zu bekennen: Dieser Satz hat etwas in mir aufgerissen.

Nach drei Jahrzehnten glücklicher Ehe ist mir meine Frau vor einem Jahr durch den Tod entrissen worden. Nächst meiner Mutter, die mich im Glauben erzogen hat, verdanke ich ihr, daß ich ein Christ bin. Dennoch, seit ihrem Tode kann ich mich nicht mehr fangen. Anstatt Abstand zu gewinnen bin ich der Verzweiflung nah und mein Haß gegen die Ärzte wird immer größer. Wie konnte ich meine Frau nur in dieses Krankenhaus gehen lassen! Leider bin ich zu spät von Bekannten gewarnt worden.

Meine Frau wollte ja nur erreichen, daß ihre Schmerzen in den Kniegelenken etwas gelindert würden. Dazu wäre eine stationäre Behandlung überhaupt nicht erforderlich gewesen. Als sie dann nach fünf Wochen entlassen wurde, konnte sie ohne meine Hilfe nicht mehr gehen. Sie klagte über starke, schubartig auftretende Schmerzen an den Einstichstellen der Spritzen. In den folgenden vier Wochen war ich völlig ratlos. Ich fand keinen Schlaf mehr. Schließlich habe ich dann der erneuten Einweisung in dieses Krankenhaus zugestimmt. Doch bald erlitt meine Frau einen Schlaganfall. Sie war auf einem Auge erblindet und konnte nur noch lallen. Man hatte ihr Medikamente gegen den hohen Blutdruck gegeben, aber nichts gegen die Durchblutungsstörungen. Nach acht Wochen war meine Frau tot.

Noch ist über meine Beschwerde bei der Ärztekammer nichts entschieden worden. Doch auch dadurch wird meine Frau ja nicht wieder zum Leben erweckt. Ich bin überzeugt: Sie sollte sterben, weil die Ärzte wußten, daß ihnen bei der ersten Behandlung Fehler unterlaufen waren, die zu einem Pflegefall geführt hätten. Für mich steht fest: Sie haben meine Frau auf dem Gewissen.

Heute, nachdem ich andere Ärzte befragt und mich durch Prospekte und Literatur von pharmazeutischen Fabriken vergewissert habe, weiß ich, daß meine Frau auf keinen Fall Spritzen zur Schmerzlinderung bekommen durfte. Dafür war ihr Blutdruck viel zu hoch; und überdies war sie zuckerkrank und litt an Verkalkungserscheinungen. Bei alldem ist meine Frau geistig erstaunlich rege und körperlich rüstig gewesen, bis sie schließlich diesen Medizinern in die Hände gefallen ist. So ist mir meine Frau durch ärztliche Leichtfertigkeit genommen worden — oder war es Interesselosigkeit, obwohl sie doch auf der Privatstation lag? Ich finde keine Ruhe mehr.

Wie hat sich meine Frau auf meine Pensionierung gefreut! Ich kann meine Haßgefühle nicht unterdrücken. Ich kann nicht vergeben. Mein Lebensabend ist zu einem unbedeutenden Nichts geworden. Was nützt mir jetzt eine ausreichende Pension? Morgens beim Aufstehen und abends beim Zubettgehen — immer und immer wieder — muß ich an die Mörder meiner Frau denken. Ich mache mir Vorwürfe, weil ich nicht zu einem Heilpraktiker gegangen bin.

Täglich bete ich, daß meine Frau dereinst auferstehen und das ewige Leben erlangen möge. Sie war ein guter Mensch. In der Nazizeit hat sie viel gelitten. Sie aber hat nur Gutes getan.

Manchmal kommt mir der Gedanke: Mach doch Schluß! Aber wer soll dann das Grab meiner Frau pflegen? So muß ich also versuchen weiterzumachen.

ANTWORT:

Insgesamt verstehe ich Sie nicht so, als wollten Sie nur in Ihren Gedanken und in Ihrer Einstellung bestätigt werden. Im Grunde spüren Sie, daß es Sie nicht frei machen und Ihrem Leben keinen Sinn geben kann, wenn Sie in selbstquälerischen Grübeleien über sich und über andere zu Gericht sitzen. So schreibe ich Ihnen denn in aller Freimütigkeit und hoffe, daß Sie die gute Absicht, Ihrer Situation gerecht zu werden, auch dann erkennen, wenn ich Ihre Einstellung hart kritisiere.

Ihr Brief enthält auch nicht die Andeutung einer Diagnose. Sie nennen weder den Namen der Krankheit noch die angewandten Medikamente. „Schmerzen in den Knien" sind keineswegs ein eindeutiger Hinweis. Und der Arzt behandelt auch nicht die Schmerzen, sondern ihre Ursache. Es geht ihm um den sehr oft verborgenen Krankheitsprozeß, den die Schmerzen signalisieren. Es ist schlechterdings ein Unding, aus den Beipackzetteln pharmazeutischer Firmen, die einen Indikations- und einen Kontraindikations-Katalog enthalten, rückschließend die Diagnose herauszufinden. (Es sei denn, es handelte sich um ganz spezifische Medikamente, etwa um Insulinpräparate). Und woher können Sie denn wissen, daß eine stationäre Behandlung gar nicht nötig gewesen wäre?

Nach ihren Andeutungen hat bei Ihrer Frau die Disposition für einen Schlaganfall schon bestanden, bevor sie ins Krankenhaus eingeliefert worden ist. Der hohe Blutdruck, Diabetes und Arteriosklerose weisen auf eine erhöhte Anfälligkeit hin. Das unregelmäßige Spritzen in wechselnder Dosierung läßt eher auf eine geplante Hochdruckbehandlung schließen als auf eine Nachlässigkeit des Arztes. Ist eine solche Erkrankung bereits fortgeschritten, dann müssen die Ärzte äußerst behutsam vorgehen.

Sie können sicher sein, daß Ihre Frau keinem Anfänger und keinem Pfuscher in die Hände gefallen ist. Es ist mehr als unwahrscheinlich, daß — was Sie unterstellen — grobe Kunstfehler unterlaufen sind. Überdies würde kaum ein Kliniker auf eine umfangreiche Diagnostik und auf entsprechende Kontrollmaßnahmen verzichten. Ihre Frau ist aber doch offenbar an den Folgen eines Hirnschlages gestorben. Und diese Todesart pflegt nicht durch Fehlbehandlungen verursacht zu sein.

Ihre Bemerkung: „Nun läuft mein Protest bei der Ärztekammer" ist nicht recht verständlich. Dieses Organ des Ärztestandes ist ja für einen Strafantrag gar nicht zuständig, sondern der Staatsanwalt. Unverständlich bleibt auch Ihre Behauptung von Zusammenhängen, die gar nicht zu erkennen sind. Wenn Sie den Tod Ihrer Frau im Krankenhaus als Folge fehlerhafter ärztlicher Behandlung bezeichnen, verwechseln Sie zeitliche Aufeinanderfolge und ursächlichen Zusammenhang.

Es ist ja nicht so unbekannt, daß bei zuckerkranken Patienten mit hohem Blutdruck und Verkalkungserscheinungen die Gefahr eines Schlaganfalles besonders groß ist. Und Ihre Frau ist wegen zweier, ganz verschiedener Leiden behandelt worden: Einmal wegen der Krankheit, die die bösen Schmerzen in den Knien verursacht hat. Zum andern wegen der drohenden Hirnschlaggefahr.

Sie gehen davon aus, daß Ihre Vermutungen Fakten sind. Ja, Sie gehen so weit, nicht nur einen schlimmen Kunstfehler, sondern sogar vorsätzliches, also verbrecherisches Handeln zu unterstellen. Sie bezeichnen sogar die Ärzte als die „Mörder" Ihrer Frau. Die Bemerkung eines Bekannten: Warum Sie Ihre Frau denn ausgerechnet in dieses Krankenhaus gebracht hätten, hat Sie offenbar in Ihrem Verdacht noch bestärkt.

Bei Ihren ungeheuerlichen Anschuldigungen vergessen Sie überdies, daß kein Krankheitsverlauf verbindlich vorausberechnet und vorausgesagt werden kann. Wer an vielen Krankenbetten gestanden hat kann bezeugen: Manche „hoffnungslose Fälle" kommen nach Hause. Und umgekehrt: Harmlos erscheinende Krankheitsprozesse enden nicht selten mit dem plötzlichen Tod des Patienten.

Ihr Brief läßt vermuten, daß Ihre Ehe kinderlos geblieben ist. Sie finden keine Antwort auf die quälende Frage: Warum ist gerade mir der liebste Mensch genommen worden? Und Sie fragen weiter: Wer ist daran schuld? Gott anzuklagen verbietet Ihnen Ihre christliche Grundeinstellung. Was liegt näher als die Schuld bei den behandelnden Ärzten zu suchen?

Sie beiden haben sich im Laufe Ihrer dreißigjährigen Ehe so aufeinander eingestellt, daß es Ihnen schier unmöglich erscheint, allein weiterzuleben. Aber beim Lesen Ihres Briefes fällt ein besonderer Akzent auf: Sie beklagen nicht: Nun kann ich nicht mehr für meine Frau da sein. Was Sie schreiben klingt vielmehr so: Mein hartes Schicksal ist es, daß meine Frau nicht mehr für mich da ist. Das mag ein sehr feiner Unterschied sein. Aber Sie sollten einmal darüber nachdenken.

Es heißt, Ihnen viel zumuten, aber es ist entscheidend: Seien Sie selbstkritisch, auch Ihrem Leid gegenüber. Freilich stellen Sie keineswegs bewußt unwahre Behauptungen auf. Dennoch sollten Sie erkennen, daß Sie keinen Grund haben, die Ärzte zu hassen, die Ihre

Frau behandelt haben. In Wahrheit haben Sie hier niemandem eine Schuld vorzuwerfen, weder fahrlässiges noch vorsätzliches, gewissenloses Handeln oder Unterlassen. Sie sollten aber schonungslos gegen sich selbst der Frage standhalten: Kann ich das eigentlich verantworten, auch nur mit dem Gedanken umzugehen: Meine Frau sollte sterben, weil die Ärzte wußten, daß folgenschwere Fehler unterlaufen waren? Ist Ihnen der Gedanke nicht unheimlich, Sie könnten sich durch Ihre Vorurteile versündigen, durch Ihre feindseligen Gefühle gegen Menschen, die — sehr wahrscheinlich sogar — nur ihr Bestes gegeben haben, um das Leben Ihrer Frau zu retten? Wie wollen Sie das mit dem Glauben vereinbaren, in dem Sie sich mit Ihrer verstorbenen Frau immer eins gewußt haben?

„Wer nicht vergeben kann, der kann auch nicht lieben". Sie bekennen: „Dieses Wort auf dem Kalender-Blatt hat in mir etwas aufgerissen". Und damit wollen Sie doch wohl sagen: Dieser Satz hat vor mir den Abgrund sichtbar werden lassen, der zwischen unserem menschlichen Vergeltungsdenken und der göttlichen Güte klafft, von der wir alle, ausnahmslos, leben. Sie spüren: Selbst dann, wenn meine Vermutungen den Tatsachen entsprächen, würde mein Haß die Liebe zu meiner verstorbenen Frau vergiften.

Für Menschen, die redlich versuchen, im Namen Christi zu leben, gibt es keine glaubwürdige Entschuldigung dafür, daß sie hassen. Nichts in der Welt kann uns davon dispensieren, uns selbst zu überwinden und denen zu vergeben, die uns Unrecht oder Leid zufügen. Doch ich kann mich ja erst dann selbst überwinden, wenn ich das Böse, das mir ein Mensch antut, so erlebe, als hätte ich es selber getan. Erst dann, wenn ich es vor mir selbst wahr sein lasse, daß diese unheimlichen Möglichkeiten auch in der verborgenen Tiefe meiner Seele stecken, fange ich an, von innen her zu verstehen, was von außen kommt und mich verletzt. Erst dann weiß ich mich plötzlich für den, der mir wehtut, mitverantwortlich. Erst dann kann ich vergeben und so das Vergangene entmachten.

Sie fragen: Was für einen Sinn kann denn mein Leben jetzt überhaupt noch haben? Damit verkennen Sie die Tatsache, daß ja im Grunde nicht wir die Fragenden, vielmehr die Gefragten sind. Das Leben fragt, und wir haben zu antworten und so unser Leben zu ver-antworten.

Ein großer Arzt und Menschenkenner hat gesagt: Wenn wir resignierend auf die Stoppelfelder der Vergänglichkeit starren, dann übersehen wir die vollen Scheunen der Vergangenheit. Das heißt doch: Nichts geht verloren. Nichts läßt sich einfach aus der Welt schaffen. Das gilt von ihrer gelebten Ehegemeinschaft. Das gilt aber auch von Ihren Haßgefühlen. Haß wächst aus Vorurteilen, die oft eine ungeahnt tiefe Wurzel haben und nicht selten aus Kindheitserlebnissen in die Gegenwart übertragen werden.

Der Sinn Ihres Lebens kann künftighin so wenig darin bestehen, daß Sie das Grab Ihrer geliebten Frau pflegen, wie ein ausreichendes Pensionseinkommen für den Lebensabend zu zweit Grundlage und Erfüllung gewesen wäre.

Als Christ hoffen Sie auf ein Leben nach dem Tode. Dieses „Jenseits" wäre nicht mehr als ein erträumtes Privathimmelchen, wenn es nur die Gemeinschaft mit Ihrer Frau enthielte. Unser Glaube ist aber auf ein Leben gerichtet, das die ganze gegenwärtige Wirklichkeit umgreift. Nichts wird ausgelöscht, nichts wird annulliert sein. Auch Haß und Feindschaft nicht. Ein beunruhigender Gedanke!

Das alles kann erst entmachtet werden, wenn wir begreifen, daß wir uns mit unseren zwischenmenschlichen Feindschaften gegen Gott selbst richten. Im Grunde schlagen wir ja damit die Botschaft von der Menschwerdung der göttlichen Liebe in den Wind.

Diese harte Wahrheit schreibe ich Ihnen unmittelbar vor Weihnachten, vor dem innigsten aller Feste, dessen Grundthema heißt: Gott ist Liebe. Nur der, der sich für die Liebe entscheidet, bleibt in Gott und Gott bleibt in ihm. Und diese Wahrheit will gelebt werden. Der Rest ist Gnade. Ich wünsche Ihnen ein frohes Weihnachtsfest.

▪

Hassen heißt unablässig morden.

Ortega y Gasset

Vorurteil: eine Meinung, die einen Menschen hat.

Unbekannt

IV. GRENZEN

Wenn man ganz einsam ist

Die Einsamkeit ist ein Schreckgespenst in unserer Welt. Viele Menschen sehnen sich nach Kontakten, nach Aussprache. Aber sie sind gehemmt, verklemmt, neurotisch in sich eingeschlossen. Es gibt nur einen Ausweg aus leidvoller Einsamkeit: Die Grenzen zum Nächsten zu überschreiten. Denn der Mensch ist darauf angelegt, über sich selbst hinaus zu leben.

Doch es besteht eine merkwürdige, scheinbar paradoxe Wechselbeziehung: Niemand findet zum anderen, der nicht zu sich selbst gefunden hat; niemand kommt zu sich selbst, wenn er das Du nicht findet.

Sind aber unsere Grenzen nicht zugleich unser Schutzwall? — Kann es nicht auch tröstlich sein zu wissen: Ich bin endlich und vergänglich? Verantwortlich bin ich nur für das, was ich innerhalb meiner Grenzen, meiner Möglichkeiten tue oder nicht tue.

Es gibt Menschen, die im Gefängnis ihrer Einsamkeit verschmachten. Die Gitterstäbe dieses Gefängnisses sind unsichtbar und von innen her unzerbrechlich. Sie müssen von außen aufgebrochen werden. Es gibt Ehen, wo jeder den anderen in seine Einsamkeit einsperrt. Angst vor Krisen und vor Enttäuschungen trennt nicht selten Mann und Frau und macht beide einsam.

Lieben heißt, den anderen in meine Mitte hineinnehmen, sein Schicksal miterleben und ihn an meinem Leben teilnehmen lassen. In Ihrem Umkreis gibt es mindestens e i n e n Einsamen — und dieser eine könnte Ihr Nächster sein: Ihr Mann, Ihre Frau, Ihr Sohn, Ihre Tochter. Dieser Einsame wartet auf Sie — auf ein befreiendes Wort, auf einen gütigen Blick, auf einen verstehenden Brief.

Beate findet das Leben sterbenslangweilig

Wir haben etwas unbegreiflich Furchtbares hinter uns. Solange ich lebe, wird mich das verfolgen. Unser einziges Kind wollte sich das Leben nehmen. In letzter Minute habe ich Beate gefunden. Ich kam gerade vom Friseur und hatte mich mit ihr verabredet.

Beate ist siebzehn. Unterprimanerin. Wir haben ihr jeden Wunsch erfüllt. Sie hat alles. Was sie will, bekommt sie. Es fehlt ihr buchstäblich an nichts. Sie soll es besser haben als wir. Deshalb arbeitet mein Mann bis in die Nacht. Er ist selbständiger Kaufmann.

Beate ist gesund und sieht gut aus. Nur eines macht mir ernstlich Sorge: Sie weiß überhaupt nichts mit sich anzufangen. Oft steht sie stundenlang vor dem Spiegel. Immer ist sie voller Unruhe und Unzufriedenheit. Planlos und ohne Ziel läuft sie im Hause hin und her. Sie dreht sich um die eigene Achse. Sie ist sich selbst im Wege. Alles Ermahnen hilft nichts. Wenn sie doch einmal ein Buch zur Hand nähme! Das Klavier rührt sie nicht an. Dafür hört sie pausenlos Beat-Musik.

Beate hat weder eine Freundin noch einen Freund. Sie findet alleWelt todlangweilig. Als ich sie gestern fragte, was eigentlich mit ihr los sei, schrie sie mich an: „Mir hängt alles zum Halse 'raus; es ist alles zum Kotzen — ganz besonders die Familie!"

Warum nimmt sie sich kein Beispiel an mir? Ich bin von früh bis spät beschäftigt. Nicht einmal abends beim Fernsehen stehen meine Hände still. Ich bringe es einfach nicht fertig, untätig dazusitzen. Langeweile habe ich nie gekannt.

Manchmal denke ich, Beate könnte eines Tages aus dem Hause laufen und sich dem ersten besten an den Hals werfen. Es ist ihr ja alles gleichgültig.

Ich habe mich auch schon gefragt, ob Beate krank ist. Oder geht das den jungen Menschen heute wie jener jungen Französin, von der ich in der Illustrierten las, daß sie das Leben und die Menschen von A bis Z anöden: „Habe ich je nach jemandem Sehnsucht gehabt?"?

Immer wieder bohrt in mir die Frage: Warum hat unser Kind uns das mit den Schlaftabletten angetan? Bitte, raten Sie mir, was kann ich bloß tun, damit sich das Schreckliche nicht wiederholt. Jede Hilfe könnte dann zu spät kommen. Ich weiß nicht, was Beate zurückhalten würde — nicht einmal der Gedanke an Gott.

ANTWORT:

Sie können das Geschehene nicht fassen. ‚Wie konnte unser Kind uns das antun', fragen Sie sich. Doch ist Beates Entschluß, Hand an sich selbst zu legen, nicht von ungefähr gekommen. Unter der marternden Langeweile erschien ihr das Leben öde und leer, weil sie selbst innerlich leer war. Sie erlebte das Nichts, die Angst, den Überdruß und dann — die Verzweiflung. Sie hatte keine Hoffnung mehr, die innere Leere aus eigener Kraft mit lohnendem Inhalt erfüllen zu können. Es war, als ob eine düstere Stimme ihr eingeflüstert hätte: „An der Todesgrenze, an die deine Sterbenslangeweile dich bringt, muß offenbar werden, ob dieses Leben noch lebenswert, oder ob es schon von innen her tot ist."

Beate hat keine Freunde, schreiben Sie. Wissen Sie nicht, daß mitmenschliche Begegnungen so lebensnotwendig sind wie Essen, Trinken und Schlafen? Sie haben Ihrer Tochter nichts Gutes erwiesen, indem Sie sie grenzenlos verwöhnten. Glaubten Sie wirklich, ein junger Mensch könnte dadurch Zufriedenheit gewinnen? Wissen Sie nicht, daß im Überfluß die qualvolle Langeweile gedeiht, die schließlich alles fade erscheinen läßt? Kinder, die von den Eltern stets verwöhnt werden, stehen in der Gefahr, innerlich zu verarmen und seelisch stumpf zu werden. Sie können sich über nichts mehr freuen, sie können nicht mehr hoffen, nicht mehr staunen.

Diese Erlebnisarmut, die wir Langeweile nennen, hat zwei unterschiedliche Gesichter. Es gibt immer mehr Menschen, die an chronischer Kontaktarmut leiden — wie jene Französin, die fragt: „Habe ich je nach jemandem Sehnsucht gehabt?" Das Leben ist schließlich nur noch die Summe von Gleichgültigkeit, Melancholie und Eintönigkeit: Gestern, heute, morgen und alle Tage dasselbe. Und am Ende steht der vereinsamte Mensch, der nicht einmal sich selbst ausstehen kann, der niemanden liebt und sich von niemandem geliebt weiß. Denn mich selbst lieben, das ist die Voraussetzung dafür, daß ich andere lieben kann.

Auf der anderen Seite gibt es Menschen, die vor diesen Schwierigkeiten in pausenlose Geschäftigkeit fliehen. Sie kennen das doch aus eigener Erfahrung. Auch Sie halten Betriebsamkeit für eine Medizin gegen die Langeweile. Ist nicht Ihr rastloses Tempo in Wahrheit bloß eine Flucht vor sich selbst und vor dem, in dem unser Leben wurzelt?

Nicht selten sind stupide Langeweile und aufreizende Kurzweil, ständige Müdigkeit und rastlose Emsigkeit, Schweigsamkeit und Gesprächigkeit nur zwei Seiten ein und derselben Krankheit. Und wer sich langweilt — so oder so — zieht zwangsläufig seine Umgebung in Mitleidenschaft: Langeweile steckt an!

„Nie habe ich Langeweile gekannt". Täuschen Sie sich damit nicht über sich selbst? Und könnte nicht der Mangel an höheren Interessen, könnte nicht der Stellenwert, den die Grundfragen des Lebens bei Ihnen haben, eine Quelle der Unlust für Beate gewesen sein? Wer aufhört, nach einem Sinn des Lebens zu fragen, gibt sich selber auf. Entweder gerät er — wie Beate — in lähmende Mutlosigkeit, oder er flieht in emsige Betriebsamkeit — wie Sie. Und wie sieht das bei Ihrem Mann aus? — Was erwarten Sie für sich selbst, für Ihre Ehe und für Ihre Familie von dem, der uns von Sekunde zu Sekunde das Leben zuatmet? Erleben Sie Gott noch als den unaufhörlich Schaffenden, der uns von innen her erneuert?

Diese Fragen zielen auf den eigentlichen Grund, warum die Langeweile eine unterschwellige Sterbensangst signalisiert, warum sie einen so starken Todessog hat. Und liegt hier nicht auch die tiefere Ursache dafür, daß sie unsere Beziehungen von Mensch zu Mensch veröden läßt? Wer von der Langeweile gequält wird, versucht — so oder so — die Zeit durch „Kurzweil" zu „vertreiben" oder „totzuschlagen". Halten wir aber das Kostbarste, was wir haben, unsere Zeit, für eine feindliche Macht, dann wissen wir auch nicht mehr um die Wohltat, die darin liegt, füreinander Zeit zu haben. Dann bringen wir es nicht fertig, füreinander dazusein. Denn Liebe braucht Zeit — auch die zwischen Eltern und Kind. Gut Ding will Weile haben: „lange Weile".

Dieses Wort meinte ursprünglich nichts anderes als: Viel Zeit. Und merk-würdig: In der Langeweile liegt die Chance der ‚langen Weile', der Zeit, die uns gegeben ist, um zu uns selbst zu kommen. Und zeugt nicht die Langeweile selbst durch die in ihr schwelende Unzufriedenheit und durch die ihr innewohnende Unruhe von dem Drang, die in uns liegenden seelischen Kräfte zu gebrauchen, uns zu verwirklichen und zu erfüllen?

Sie fragen: „Was kann ich bloß tun?" Die Antwort mag Sie verwundern: Lassen Sie sich verwandeln, damit sie zu sich selbst zurückfinden. Vielleicht werden Sie fragen: Wie denn bloß: Lassen Sie sich sagen: Wir ändern unser Leben, wenn wir unsere Gedanken ändern. Gedanken haben verwandelnde Kraft. Aus einem Menschen wird das, was die Mitte seiner Gedanken ausmacht.

Und Beate? — Von Ermahnungen ist hier nichts zu erwarten, von einer neuen Gesinnung, von einer positiven Einstellung alles. Ihre Tochter braucht Sie. Wagen Sie — als Partnerin der Siebzehnjährigen — mit ihr den gemeinsamen Aufbruch aus der gemeinsamen Langeweile! Sie stehen beide vor dem gleichen Problem. Nur dies ist anders: Sie haben es aufgegeben zu fragen: „Wozu lebe ich?" Beates verzweifelter Appell beweist, wie sehr sie nach einem Sinn ihres jungen Lebens verlangt. Sie will und kann sich nicht abfinden mit dem, was Sie ihr vorgelebt haben.

Wer nach dem Sinn seines Lebens fragt, der fragt nach Gott. Und dies ist die Wahrheit, mit der man leben kann: Die Zeit, die wir als Langeweile oder als Geschenk empfinden, ist ein Geschöpf Gottes. Sie ist das Element, in dem wir leben — so wichtig wie die Luft, die wir atmen. Gott will, daß wir zu ihm, der jenseits der Zeit ist, hindurchdringen. Das ist der Tod der Langeweile.

▪

Wer sich langweilt, ist unglücklich. Zum Glück braucht ein Mensch: einen anderen Menschen. Das gilt für Mann und Frau, Eltern und Kinder, Freunde —; es gilt immer und überall. Im Ernst und im Spaß, zum großen und zum kleinen Glück braucht der Mensch einen anderen Menschen.

Adolf Sommerauer

. . . und sehne mich doch unsagbar nach Zärtlichkeit

Lange schon quält mich eine Sorge, die von Jahr zu Jahr bedrückender wird. Ich werde jetzt fünfundzwanzig und habe noch nie einen richtigen Freund gehabt. Bekanntschaften mit Männern habe ich freilich schon viele hinter mir. Ich glaube, fast an die dreißig. Sie haben mir Liebeserklärungen gemacht, sogar Heiratsanträge. Dennoch habe ich mich noch nie mit einem Manne glücklich gefühlt. Ich habe noch nie erfahren, was Liebe ist.

Das Schlimme ist, daß ich selbst nicht weiß, was eigentlich mit mir los ist. Nach kurzer Zeit ist mir jeder Mann unerträglich. Sehr bald empfinde ich stets eine ganz unerklärliche Abneigung, die ich nicht unterdrükken oder überwinden kann. Damit habe ich gewiß schon manchem weh getan, am meisten aber mir selbst. Es mag Ihnen paradox vorkommen, wenn ich Ihnen gestehe, wie sehr ich mich bei alldem danach sehne, glücklich verheiratet zu sein und Kinder zu haben. Ich fühle mich grenzenlos einsam. Als meine Mutter starb, war ich erst zehn Jahre alt. Ich kann mich aber erinnern, daß sie sehr unter meinem Vater gelitten hat, mehr als sie mir mitteilen konnte. Ich war ja noch zu klein. Die Schwester meines Vaters hat mich dann sehr streng erzogen.

Seit ein paar Jahren werde ich den Gedanken nicht mehr los, ich könnte am Ende sitzenbleiben und mich allein durchs Leben schlagen müssen. Lieber möchte ich tot sein. Nachts liege ich oft wach, grüble und weine. Läuft mir aber wieder ein Mann über den Weg, dann wiederholt sich zwangsläufig das Gleiche, vor allem, wenn einer zärtlich wird. Und dabei sehne ich mich doch unsagbar nach Zärtlichkeit.

Meine Freundin redet auf mich ein, ich solle mich doch endlich entscheiden. Sie ahnt ja nicht, daß ich das gar nicht kann. Können Sie mir eine Erklärung geben und mir einen Weg zeigen? Bitte, helfen Sie mir doch!

ANTWORT:

Sie sollen zunächst wissen, daß Ihr Verhalten durchaus nicht „unnatürlich" oder krankhaft zu sein braucht. Es gibt völlig „normale" junge Menschen beiderlei Geschlechts, die so oder ähnlich reagieren wie Sie. Schon die körperliche Nähe eines Mannes läßt Sie zurückschrecken. Und Sie empfinden unwiderstehliche Abneigung, wenn Ihnen ein junger Mann nicht nur als Freund, sondern eben als Mann begegnet. Sexuelles Begehren muß dabei gar nicht im Vordergrund stehen.

Möglicherweise hält man Sie darum für besonders arrogant oder für schrecklich prüde. In Wirklichkeit ist da bei Ihnen aber eine Schwelle, die nicht überschritten werden darf. Es liegt Ihnen fern, bloß erotisch zünden zu wollen, nur um zu erfahren, wie stark Ihr Einfluß auf das andere Geschlecht ist — aus schierem Geltungsdrang oder aus fader Langeweile. Kommt Ihnen einer zärtlich, dann stellen Sie innerlich gleich die Stacheln auf. Daß dies bei Ihnen so ausgeprägt ist, daß sich in jedem Falle prompt die gleiche Reaktion einstellt — die Sie im Grunde doch dar nicht wollen — das dürfte doch wohl besondere Gründe haben, die freilich aus Ihrem Brief nicht eindeutig erkennbar sind.

Drei verschiedene mögliche Ursachen seien hier angedeutet. Eine Bemerkung in Ihrem Brief legt den Gedanken nahe, der Hintergrund der elterlichen Ehe, die ja irgendwie stets von schicksalhafter Bedeutung für die seelische Entwicklung der Kinder ist, könnte hier entscheidend nachwirken. Ob Sie wollen oder nicht: Wenn immer Sie einen jungen Mann kennenlernen, können Sie diese Beziehung nicht aus der tief eingeprägten Modellvorstellung herauslösen, die die Ehe der Eltern in Ihnen geschaffen hat. Dieser zwanghafte Vorgang mag Ihnen gar nicht bewußt werden. Dennoch ist es nicht selten, daß die Art, wie Vater und Mutter miteinander umgegangen sind, aus der Kindheit zeitlebens in die Gegenwart hineinwirkt.

Sie sind in Ihrem Verhältnis zum anderen Geschlecht innerlich unfrei. Sie können einen möglichen Partner nicht so erleben und ihm nicht so begegnen, wie Sie es tatsächlich möchten. Sie sind in diesen Zwang eingegittert, in das Gefängnis Ihrer vorgeprägten Gefühle.

Nun könnten Sie allerdings nichts Schlimmeres tun, als daß Sie diesen Zwang gewaltsam zu durchbrechen versuchten. Wenn Sie etwa auf die Idee kämen, sich „Mut" anzutrinken, um sich — durch die Wirkung des Alkohols oder eines Medikaments „befreit" — sexuell hinzugeben; wenn Sie auf diese Weise schließlich dem Drängen eines Ihrer vielen Freier nachgeben und vielleicht eigene Kinder haben würden, so wären Sie dadurch in Wahrheit keineswegs freier geworden. Im Gegenteil. Die verdrängten Hemmungen und widerstrebenden Kräfte würden sich bald gegen Sie richten und Sie gesundheitlich ärger beschweren als zuvor. Der Schaden könnte bedenklich werden. Die Beziehung zu dem Manne, für den Sie sich entschieden hätten, würde von Anfang an mit einer schweren Hypothek belastet sein, die durch keinen guten Willen und nicht durch noch soviel Verständnis und beste Vorsätze des Partners abgetragen werden könnte.

Weil Sie so gut wie nichts über Ihren Vater geschrieben haben, liegt es für einen aufmerksamen Leser Ihres Briefes nahe, die Wurzel Ihres Problems in der angedeuteten Richtung zu suchen.

Natürlich könnte die Ursache auch anderswo liegen. Es könnte sich etwa um ein einziges schockierendes Erlebnis handeln, das den für Sie vielleicht gar nicht mehr erinnerbaren Hintergrund Ihres zwanghaften Verhaltens bildet. Es könnte etwa ein Kindheitserlebnis dahinterstecken, an das Sie sich beim besten Willen nicht erinnern, das aber dennoch unterschwellig und unbewußt nachwirkt. Wir wissen von Fällen, in denen fünfjährige Mädchen ein Angsterlebnis im Bereich des Geschlechtlichen gehabt haben. Das längst Vergessene wirkt nach, nicht selten bis in ihr späteres Eheleben hinein. Das gilt insbesondere von Frauen, die als Kind sehr sensibel gewesen sind.

Natürlich kann der Widerwille, von dem Sie schreiben, auch ganz anders verursacht sein. Etwa durch eine falsche Sexualerziehung. In den entscheidenden Jahren Ihrer Reifung fehlte Ihnen ja die Mutter, die durch die sittenstrenge Tante nicht ersetzt werden konnte. Nach Ihren Andeutungen scheint diese Erziehung allzu eng und darum ungesund gewesen zu sein, insbesondere was die geschlechtlichen Dinge angeht.

Einer dieser Gründe, oder auch mehrere Ursachen im Zusammenspiel, haben die Entwicklung Ihrer Liebesfähigkeit gestört. Wer aber auf dem Weg zur Reife stekkenbleibt, der ist unfähig, sich liebend hinzugeben. Zur Liebesfähigkeit gehört nicht nur Ausstrahlungskraft, oder Faszination, die den anderen anzieht, sondern auch Aufnahmebereitschaft für den anderen, Resonanzfähigkeit. Nur wer liebt, vermag den Partner so zu sehen, wie er wirklich ist. Denn jeder Mensch ist mehr, als sein leibliches Erscheinungsbild erkennen läßt. Es geht also um die Fähigkeit, in dem anderen mehr zu erkennen als nur das Berechenbare, das Vordergründige, und sich so zu geben, daß der Partner zu entdekken vermag, wer ich wirklich bin. Was nützen Ihnen Dutzende Bekanntschaften, wenn Sie nicht liebesfähig sind?

Diese möglichen Ursachen Ihrer Schwierigkeiten sind aber keineswegs ein unabwendbares Schicksal für Sie. Nur sollten Sie um solche Möglichkeiten wissen. Sie werden dann freilich einsehen, wie schwierig, ja, wie unmöglich es ist, auf Grund Ihres Briefes eine verbindliche Diagnose zu stellen. Diese Andeutungen sollten Ihnen vielmehr den Entschluß leichter machen, sich einem erfahrenen Fachmann, einem Psychotherapeuten also, anzuvertrauen. Denn solange der Schaden nicht in seiner Wurzel erkannt ist, werden Sie Ihre Schwierigkeiten nicht los. Geholfen ist Ihnen erst, wenn Sie sich selbst für den Partner in die Hand bekommen. Es geht darum, daß Sie sich so verhalten, daß Ihr Gegenüber Sie zu entdecken vermag, so, wie Sie wirklich sind.

Wer das nicht schafft, der kann auch nicht bedingungslos lieben. Seine Unreife wird verewigt. Er wird das Gefühl der Fremdheit des anderen nicht überwinden, der ja immer anders ist als ich selbst und anders als meine Vorstellungen, in die er sich nicht einordnen läßt.

Sie sollten alsbald einen tüchtigen Facharzt aufsuchen. Dabei brauchen Sie sich nicht um die Behandlungskosten zu sorgen, die ja heute in diesen Fällen auch bei den pflichtversicherten Patienten von der Krankenkasse übernommen werden, sofern es sich um einen zugelassenen Arzt handelt.

▪

Sehnsucht ist kein Schicksal. Sehnsucht ist vielmehr, wenn man sich dem Schicksal verweigert. Sehnsucht ist, wenn man das Schicksal nicht annimmt.

Gertrud von Le Fort

Vor dem Wochenende graut mir jedes Mal

Ich bin 20 und studiere an der Kunstakademie in D. Seit Jahren spiele ich Orgel. Die Barockmusik ist meine Passion. Als einziges Kind bin ich von klein auf geliebt und akzeptiert worden.

Doch bei diesem Punkt beginnt mein Problem. Ich war nämlich stets der Mittelpunkt im Leben meiner Eltern. Hinter allem, was sie je anpackten, stand der Wunsch: Ruth soll es einmal leichter haben. Dennoch, verwöhnt oder verzogen haben sie mich nicht. Meine Mutter setzte sich dafür ein, daß ich aufs Gymnasium kam. Sie hat von jeher alles darangesetzt, in mir das zu verwirklichen, was ihr selbst versagt geblieben ist.

Als sich meine Mutter entschloß, halbtags in einer Schuhfabrik zu arbeiten, war ich bald weitgehend auf mich selbst gestellt. Sie verstand es herrlich, mich von Gleichaltrigen fernzuhalten. So bin ich die ganze Schulzeit hindurch ein Einzelgänger geblieben. Als meine Leistungen beängstigend zurückgingen, wetterte meine Mutter: „Du bist stinkfaul; aus Dir wird im Leben nichts!" Ich versteckte die Hefte mit den Klassenarbeiten. Aus Angst log ich das Blaue vom Himmel herunter.

Taschengeld bekam ich nie. Zwar hatte ich bereits mit 18 eine Orgelstelle; aber meine Mutter verwaltete mein selbstverdientes Geld. Ich fühlte mich einsam und unverstanden und begann, maßlos Süßigkeiten zu essen. Bald bekam ich auch noch Komplexe wegen meiner Pummeligkeit.

Jetzt wohne ich in D. wegen meines Studiums. Durch meine Orgelstelle bin ich aber gezwungen, jedes Wochenende nach Hause zu kommen. Mutter weiß dann gar nicht, was sie mir Liebes tun soll. Meine Eltern werden 62. Sie haben nur für mich gelebt und gespart. Finanzielle Probleme gibt es nicht. Ich bekomme Bafög und das Honorar für mein Orgelspielen.

Vor dem Wochenende graut mir jedes Mal. Dann erwarten mich meine Eltern mit einem Übermaß an Liebe, die ich fast nicht mehr ertrage, weil sie nur dem Zweck dient, daß ich nach Beendigung meines Studiums wieder nach Hause komme und an meinen Eltern alles wiedergutmache, was sie für mich bisher getan haben.

Mein Geld wird jetzt von Vati verwaltet. Monatlich überweist er meiner Wirtin die Miete und gibt mir DM 200,—. Meine Mutter überschüttet mich förmlich mit Pullovern, Röcken und Hosenanzügen aus dem Neckermannversand. Bei alldem fühle ich mich unsagbar unfrei, bin total aufgewühlt und weiß nicht ein noch aus. Versuche ich, mit meinen Eltern darüber zu sprechen, dann bin ich „undankbar". Ich habe längst wieder zu den Süßigkeiten Zuflucht genommen und mag mich gar nicht auf die Waage stellen oder in den Spiegel schauen.

Und da ist noch ein Problem. Seit einem halben Jahr kenne ich Jochen, einen jungen Psychologen. Uns verbindet eine nette Kameradschaft. Bei mir ist es aber inzwischen viel mehr geworden. Ich versuche, mir das nicht anmerken zu lassen und weiß nicht, wie er zu mir steht. Ich hätte so gern Gewißheit!

Bitte, helfen Sie mir, mein Problem mit den Eltern zu lösen, ohne ihnen weh zu tun. Mein zweiter Wunsch ist wahrscheinlich unerfüllbar: Wie kann ich Jochen für mich gewinnen? Ich sehne mich so sehr danach, geliebt und verstanden zu werden.

ANTWORT:

Sie sind so erzogen, daß Sie ständig in der Angst leben, Sie könnten die Erwartungen Ihrer Eltern enttäuschen. Solange Sie ein Kind waren, haben Sie das freilich nicht als Problem erlebt. Jetzt, wo Ihr Wunsch nach Selbständigkeit immer stärker wird, empfinden Sie diese Abhängigkeit als eine Art Gewissensterror.

Die Eltern erdrücken Sie nahezu mit ihrer Liebe. Die Mutter sieht in Ihnen ihr eigenes idealisiertes Ebenbild, eine Kopie ihrer selbst; aber diese Kopie soll das Original übertreffen. Darum war es bis zum Abitur Ihr Schicksal, Einzelgängerin zu bleiben.

Ihre Eltern machen das durch, was alle Eltern erfahren müssen. Am liebsten möchten sie, die Zeit stünde still und Sie blieben ein Kind. Mit allen Mitteln versuchen sie darum, Sie so eng wie möglich an sich zu binden. Sie tun das mit einer besonderen Art von „Liebe", die ihre eigene Taktik, ihre eigene Raffinesse entwickelt. Eine Liebe, die sich als pure Selbstlosigkeit gibt, in Wahrheit aber berechnend das „geliebte Kind" verpflichtet, das längst kein Kind mehr ist und nicht mehr sein will. Diese Eltern, von denen man mehr Reife erwarten sollte, sind schwach. Statt ihr eigenes Leben zu leben, klammern sie sich fest an ihr einziges Kind. Daß sie so spät geheiratet haben, mag dabei eine gewichtige Rolle spielen.

Es ist erstaunlich, wie Sie diese besitzergreifende Liebe hinnehmen, in deren Namen die Eltern auch über das selbstverdiente Geld ihrer 20jährigen Tochter verfügen. Glauben Sie wirklich, Sie täten ihnen damit etwas Gutes, wenn Sie stets versuchen, ihren Erwartungen zu entsprechen? Nehmen Sie Ihren Eltern so nicht vielmehr die Möglichkeit, die entscheidende Aufgabe zu bewältigen, ihre Tochter erwachsen werden zu lassen? Aus ihrer tiefen Lebensangst versuchen sie gerade das zu verhindern. Nicht, daß Ihre Eltern unbedingt auf Ihr Geld aus wären. Sie sehen aber in dieser finanziellen Abhängigkeit eine Chance, das „geliebte Kind" fest an sich zu ketten. Das mag lieblos klingen. Es ist aber notwendig, daß Sie das durchschauen und abwenden.

Wie sieht denn Ihre wirtschaftliche Situation aus? Sie bekommen „Bafög", monatlich etwa DM 420,—, dazu Ihr Honorar als Organistin. Das ist weit mehr als die Ihnen zugeteilten DM 200,—, zuzüglich der Miete für Ihr Zimmer. Was hindert Sie daran, — außer dem Unwillen der Eltern —, daß Sie sich das Geld für den Orgeldienst in bar auszahlen lassen?

Wenn Sie 21 sind, will Ihnen Ihr Vater den Führerschein bezahlen. Geschieht nicht auch das im Grunde von Ihrem Geld? Was spricht denn dagegen, daß Sie schon jetzt das Autofahren lernen? Auch das könnte ein Signal sein: Ich habe das Recht und die Aufgabe, mein Leben selbst zu gestalten.

Sie schreiben, daß Ihre Mutter Sie ständig mit neuen Kleidern überrascht. Wenn Sie schon nicht den Schneid haben zu sagen: Meine Kleider möchte ich mir selbst aussuchen, dann sollten Sie sich wenigstens eine kleine List einfallen lassen, um diese sinnlosen Anschaffungen zu stoppen. Sie können z. B. Woche für Woche mit demselben Rock und mit derselben Bluse nach Hause kommen, um deutlich zu machen: An all den Textilien aus dem Neckermann-Katalog liegt mir gar nichts. In Garderobe investiert ist mein Geld schlecht angelegt. Wie könnte ich darauf mit Gefühlen der Dankbarkeit reagieren!

Sind Sie denn wirklich so unersetzlich in Ihrer Heimatgemeinde? Es muß doch jemanden geben, der dort wochentags die Orgel spielt. Ließe sich da nicht ein Kompromiß finden: Daß Sie demnächst nur alle 14 Tage spielen? Es ist nur zu verständlich, wenn Ihnen die Wochenenden mehr und mehr zum Problem werden. Insbesondere die studentischen Veranstaltungen finden dann statt. Durch den Orgeldienst isolieren und blokkieren Sie sich selbst. Niemand darf Ihnen dieses Opfer auf die Dauer zumuten.

Damit sind wir bei dem Problem, das Sie am meisten bedrückt: Ihr Verhältnis zu Jochen. Sie fragen sich: Sieht er in mir nur die Kommilitonin? Will er bloß Kameradschaft? Sie jedenfalls wollen mehr. Sie fühlen sich glücklich in seiner Gegenwart. Sie sind entschlossen, für dieses Glück jeden Preis zu zahlen. Aber offenbar fehlt Ihnen der Mut, ihn Ihren Bekannten und den Eltern vorzustellen. Sie fürchten die Eifersucht Ihrer Mutter. Es könnte auch sein, Sie haben beide Angst, sich einander zu offenbaren. Und es könnte sein, daß seine Gefühle für Sie nicht stark genug sind — was Sie immerhin für möglich halten. Sie fürchten, er könnte sich zurückziehen, wenn Sie Ihre Zuneigung deutlich und vorbehaltlos zu erkennen geben. Könnte es aber nicht auch so sein, daß er gerade darauf wartet? Und sind Sie so sicher, daß Jochen Sie so sieht, wie Sie sich selber sehen? Vielleicht mag er gerade ein „Pummelchen", das Süßigkeiten schleckt.

Es gibt einen guten Test, um herauszufinden, wie er tatsächlich zu Ihnen steht: Suchen Sie eine passende Gelegenheit, um ganz unbefangen und unaufdringlich mit ihm Ihre Probleme zu besprechen. Was immer dabei herauskommen mag: Auch dann, wenn es bei ihm nicht zu einer innigen Freundschaft reichen sollte, könnte es doch für Ihre menschliche Entwicklung einen entscheidenden Schritt nach vorn bedeuten, daß er Ihren Lebensweg gekreuzt hat. Denn durch Ihre Zuneigung ist bei Ihnen etwas in Bewegung geraten: Ein Anstoß in Richtung auf größere Selbständigkeit, die längst fällig ist.

Und Ihr Verhältnis zu den Eltern? Besteht das nicht im wesentlichen aus Schuldgefühlen und aus der Angst vor notwendigen Entscheidungen? Eine ganz neue Art gegenseitiger Wertschätzung müßte zwischen Ihnen wachsen und reifen. Sie möchten dieses Problem lösen, ohne Ihren Eltern weh zu tun. Doch eben das wird Ihnen nicht erspart bleiben. Und zwar aus recht verstandener Liebe: zu sich selbst und zu den Eltern. Sie können aber keinen anderen Menschen lieben, solange Ihnen Ihr eigenes Gesicht im Spiegel nicht gefällt. Liebe zu sich selbst: Das ist weder krankhaft noch ein Laster. Das ist eine christliche Grundtugend. Kein Geringerer als Jesus von Nazareth steht dafür ein: „Liebe Deinen Nächsten wie D i c h selbst".

Es gibt keinen anderen Weg, auf dem Sie zu sich selber kommen, als daß Sie sich der übermächtigen egoistischen Liebe Ihrer Eltern entziehen. Es genügt nicht, daß Sie sich innerlich gegen diese Liebe sträuben. Es geht nicht ohne die Courage, mit der Sie Ihren Eltern klarmachen: Mich treibt weder Undank, noch Lieblosigkeit, noch kindlicher Trotz. Es ist eine tiefere Einsicht, die ich gewonnen habe.

Ich verkrieche mich in meine Einsamkeit

Statt eines Briefes schicke ich Ihnen dieses Tagebuchblatt. Es ist ein Ausschnitt aus dem einsamen Monolog, zu dem das Gespräch unserer Ehe verödet ist.

Samstagnachmittag. Die Kunden finden unsere Zusammenarbeit vorbildlich. Sie ahnen nichts von der inneren Leere hinter dieser Außenseite. Warum können wir nicht mehr unbefangen miteinander reden, sobald wir allein sind? Bei jedem Wort vibriere ich vor Angst, er könnte aufbrausen. Um der Kinder willen und wegen der Nachbarn ertrage ich wortlos, was mich kränkt und erniedrigt. Warum sagt er mir nicht, was er denkt? Bin ich ihm zu kleinbürgerlich? Zu bescheiden? Oder zu dumm? Ich will ja an mir arbeiten, mich weiterbilden. Aber liegt es wirklich an mir, daß er mich betrügt?

Montag — zwei Uhr früh. Wieder ist ein trostloser Sonntag vergangen. Dreimal habe ich ihn angerufen, als er beim Frühschoppen saß. „Zum Mittagessen bin ich zuhause", hat er versprochen. Stunde um Stunde habe ich gewartet. Sein Bett ist immer noch leer. Ich finde keinen Schlaf. Früher habe ich viel geweint. Heute, nach siebenjähriger Ehe, fange ich an, mit Gott zu hadern.

Vier Uhr früh. Die Müdigkeit hat mich überwältigt. Im Traum ist mir seine Geliebte erschienen. Sie kam ins Büro, stellte sich vor meinen Schreibtisch, fragte: „Wo ist Bert?". Sofort wußte ich: Das ist sie! Ich wollte sie zur Rede stellen. Doch sie hob ihren Fächer vors Gesicht. Von welcher Seite ich auch versuchte, an sie heranzukommen, immer wandte sie sich ab. Jetzt weiß ich: Diese Frau verbirgt ihr wahres Gesicht. — Plötzlich befand ich mich in einem baufälligen Haus. „Bert ist oben!", rief eine Stimme. Ich eilte die Treppe hinauf — höher und höher. Auf einmal hörten die Stufen auf. Nur schwankende Latten führten nach oben. Kein Geländer. Links und rechts schwindelerregende Tiefe. Schließlich hörten auch die Latten auf. Ich mußte umkehren. Bert konnte ich nicht erreichen.

Was mag dieser Traum bedeuten?

Montagmittag. Als ich aufwachte, lag Bert neben mir. Er schlief. Sein Atem verbreitete einen Dunst und Alkohol und Nikotin.

Die Büroarbeit läßt mich für Stunden vergessen, wie einsam ich bin. Aber ohne ihn kann ich nicht leben. Er ist doch ein Teil meiner selbst. Ich liebe ihn — mehr noch als früher — und darf es ihm nicht zeigen. So lege ich denn eine Mauer um mein Herz und verkrieche mich in meine Einsamkeit. Ich bin auf dem Nullpunkt angelangt, wo alles sinnlos erscheint, wo der Gedanke, Schluß zu machen, nur noch eine Handbreit vor seiner Verwirklichung entfernt ist.

ANTWORT:

Ist Ihr Mann wirklich ein Teil Ihrer selbst? Oder projizieren Sie vielmehr ein Idealbild, das Sie in sich tragen und das freilich unlösbar zu Ihnen gehört — auf ihn? Sie suchen Ihren Mann auf einer höheren Ebene, nicht auf der Bühne des wirklichen Lebens, auf der Sie Tag für Tag neben ihm stehen. Sie beziehen Ihr Selbstwertgefühl — positiv wie negativ — ausschließlich aus der Bestätigung durch ihn. Und da er mit Fehlanzeige reagiert, sinkt Ihr Eigenwertbewußtsein unter den Nullpunkt. Sie erleben die Welt ausschließlich durch den Filter der Liebe zu Ihrem Mann, vielmehr: zu dem Idealbild Ihres Mannes. Und da Sie mit dieser Liebe ins Leere stoßen, erscheint Ihnen alles sinnlos. So bauen Sie selbst — ohne sich dessen bewußt zu werden — das Gefängnis Ihrer Einsamkeit.

Diese Erklärung ist keineswegs der Versuch, Ihren Mann zu rechtfertigen und seine Untreue zu entschuldigen. Sie sollten sich aber der Frage stellen: Entzieht er sich etwa instinktiv meinen Liebesbezeugungen und meinen Erwartungen, weil er spürt, daß er gar nicht der ist, den ich in ihm sehe?

Ihr Traum ist das getreue Spiegelbild Ihrer Situation und Ihres Verhaltens. Diese Frau, der sich Ihr Mann zugewandt hat, ist für Sie ein irritierendes Rätsel. Sie bekommen sie nicht ins Visier. Es würde aber Ihre Lage nicht verbessern, wenn Sie die Geliebte Ihres Mannes demaskieren könnten. Würden Sie den beiden nachspionieren oder gar mit Selbstmord drohen, so würden Sie sich selbst deklassieren. Sie würden Ihren Mann nicht zurückgewinnen, sondern ihn nur zu Ihrem Feind machen. Eines dürfte allerdings nicht gleichgültig sein: Ob Ihr Mann mit schlechtem Gewissen untreu ist, oder ob er Sie geringschätzt und vor seiner Geliebten demütigt.

Die Szene in dem baufälligen Haus, in das Sie sich plötzlich im Traum versetzt sahen, gibt eine eindringliche Vorstellung von der Täuschung, der Sie verfallen sind. Sie tapezieren sozusagen Ihren Bert mit Ihrer seelischen „Innentapete“ und laufen Ihrem Idealbild nach. Dabei sind Sie unsicher und voller Angst. Sie meinen, mit letzter Anstrengung — wie auf schwankenden Latten, ohne Geländer — sich in die schwindelnde Höhe emporquälen zu müssen, wo Sie Ihren Mann vermuten.

Ihr wirklicher Mann ist aber nicht dort, wo Sie ihn suchen. Er ist nicht „über“ Ihnen. Aber der Weg zu ihm, die Brücke des Gespräches, ist unterbrochen. Mit Ihrem Idealpartner können Sie so wenig sprechen wie mit einem Toten. Sie erreichen ihn nie. Die „Latten", auf denen Sie, mit Angst und Sehnsucht erfüllt, emporsteigen, führen ins Leere, ins Nichts. Der Abgrund der Einsamkeit droht, Sie zu verschlingen. Indem Sie Ihren wirklichen Partner verfehlen, verliert für Sie alles seinen Sinn. Ihr Glaube an den Gott, der die Liebe ist, verblaßt und wird für Sie unwirklich.

Die zunehmende Entfremdung und die innere Vereinsamung haben zweifellos Ihre Ursache in Ihren beiderseitigen Konflikten und persönlichen Unzulänglichkeiten, über deren Vielschichtigkeit und Wechselwirkung Ihr Tagebuchblatt nur vage Vermutungen zuläßt. Es ist aber eine tiefe Wahrheit, daß Mann und Frau in jeder Ehe irgendwie einsam sind. Keiner kann aus seiner Haut heraus und in die des Partners hineinschlüpfen. Es gibt keine menschliche Gemeinsamkeit ohne Einsamkeit. Aber es gibt eine resignierende Einsamkeit, die innerlich leer macht, und es gibt eine befriedete Einsamkeit, die reich macht. Vielleicht ist Ihr Mann nicht weniger einsam als Sie, was nicht dadurch widerlegt wird, daß er sich eine Freundin zugelegt hat. Der Gedanke, die Untreue Ihres Mannes könnte den gleichen Grund haben wie Ihre Einsamkeit, ist durchaus nicht so abwegig, wie es vordergründig scheinen mag. Wie Sie in ihm, so könnte er in Ihnen einen Teil von sich selbst gesehen und schließlich erkannt haben, wie viel anders Sie doch sind. Die Annahme, er könnte nunmehr seine Idealvorstellung auf die andere projiziert haben, ist keineswegs absurd.

Die Quelle unseres Glückes und unseres Unglücks entspringt in uns selbst. Kein Mensch kann sich selbst davonlaufen; aber jeder kann und muß darum ringen, sich selbst besser zu erkennen. Und wir Verheirateten müssen von Zeit zu Zeit mit demselben Partner unsere Ehe neu beginnen. Wenn in der Ehe einer den anderen beherrscht oder gar quält, so ist dies nur solange und in dem Maße möglich, wie der andere sich unterwerfen läßt. Keiner kann seinen Verhaltensstil und seinen

Standpunkt beibehalten, wenn der andere die ihm zugemutete Rolle nicht mehr mitspielt. Weil Sie Ihren Mann im Grunde fürchten, sind Sie außerstande, ihn zu lieben. Dazu werden Sie erst dann fähig sein, wenn Sie Ihren Irrtum eingesehen und Ihrem Idealbild den Abschied erteilt haben werden.

Davon sind Sie noch weit entfernt. Sie stehen vielmehr in der Versuchung, sich dem Leben zu entziehen, weil Sie ihm seine Härte nicht verzeihen. Insgeheim strengen Sie eine Art Prozeß gegen Gott an, weil Ihre Liebe zu dem ‚Idealmenschen' unerfüllt bleibt. Trotz der Verantwortung, die Sie ja nicht nur als Gattin, sondern auch als Mutter Ihrer Kinder haben, erscheint Ihnen das Leben leer und sinnlos. Und in dieser Sinnlosigkeit fühlen Sie sich von Gott verlassen.

Welch merk-würdiger Zusammenhang: Wenn das Fließgleichgewicht von Selbstwertgefühl und Selbsthingabe gestört ist, wenn einer „oben" und der andere „unten" ist, dann verstummt nicht nur das eheliche Gespräch sondern auch der Dialog mit Gott. Aber dagegen steht eine andere, beglückende Erfahrung: Je notvoller die Krise, menschlich gesehen, ist, desto mächtiger wirkt die Kraft des göttlichen Partners. Der Glaube schafft die über alles Begreifen stärkende Gewißheit, daß Christus in jeder Ehe — auch bei einem nicht-christlichen Paar — als der Dritte anwesend ist. Diese gelebte Gewißheit der göttlichen Gegenwart ist eine aufrichtende Hilfe, auch und gerade in der schmerzlichen Einsamkeit des Ehelebens. Letztlich hängt alles an diesem Vertrauen auf die persönliche Gegenwart Gottes, an dem großen Du Jesus Christus, das für Gott selber steht.

In solcher Gewißheit werden Sie trotz allen Enttäuschungen an Ihrer Ehe festhalten können, weil Sie sich selbst gehalten wissen. Sie werden lieben können — nicht mit einer illusionären, sondern mit einer wirklichkeitsbezogenen Liebe — weil Sie sich selbst geliebt wissen. Weil Sie sich angenommen wissen, so wie Sie wirklich sind. Und Sie werden in der Liebe bleiben, solange Sie in Gott bleiben.

▪

Der Rückzug in sich selbst mit all seinen trotzigen Capriccios zeigt etwas von der Schwierigkeit, in der Spannung zwischen unserem Geborgenheitsbedürfnis und einer immer kälter werdenden Gegenwart den Blick auf den Menschen als solchen freizuhalten. Die öffentliche Wertminderung der Liebe (zugunsten des Intellekts) hat ein ungutes Gefühlsklima zur Folge, das den einzelnen anfällig macht für Sehnsüchte mit utopischen Horizonten oder aber für Selbsteinmauerungen.

Walter Gutkelch

Dein „Engel" hat dich hintergangen

Ich schreibe Ihnen in der Hoffnung, daß Sie mich nicht nur verachten und verurteilen werden, wenn Sie diesen Brief gelesen haben.

Meine Freundin Anne war eine bildschöne und liebenswerte Frau. Sie wurde von ihrem Mann über alle Maßen verwöhnt. Eines Tages mußte sie sich einer Operation auf Leben und Tod unterziehen. Um ihr Gewissen zu erleichtern, vertraute sie mir ein Geheimnis an, mit dem sie sich seit Jahren herumgequält hatte. „Ich habe meinen Mann betrogen, der nur für mich gelebt hat", gestand sie mir. Sie hatte den Komplimenten ihres sympathischen Hausherrn nicht widerstehen können und sich in intime Beziehungen eingelassen. Es wäre wohl kaum zu diesem ehebrecherischen Verhältnis gekommen, wenn nicht nach einem unverschuldeten geschäftlichen Fehlschlag ihres Mannes die Wohnungsräumung gedroht hätte.

Anne sollte die Operation nicht überstehen. Verzweifelt und hilflos stand ihr Mann mit den beiden Kindern da, neun und elf Jahre alt. Es ist merkwürdig, aber ich war gar nicht überrascht, als er mich eines Tages fragte, ob ich den leergewordenen Platz seiner Frau einnehmen wollte. Doch schon bald nach der Hochzeit mußte ich erkennen, daß er mich immer an seiner ersten Frau maß, aber daß ich ihm Anne nicht ersetzen konnte. Täglich stand er vor dem Bild der Toten, brachte immer wieder Blumen zu ihrem Grab, und in Gedanken verloren sprach er oft mit seinem toten „Engel". Dieser Engel, der einmal meine Freundin gewesen war, wurde nun mehr und mehr zu meiner Rivalin. Ich fühlte mich gekränkt und konnte es ihm doch nicht sagen. Mit vorwurfsvollem, verächtlichem Schweigen lebten wir schließlich aneinander vorbei, bis es über meine Kraft ging, das Geheimnis der Toten länger in mir zu bewahren. Ich habe ihm die Wahrheit ins Gesicht geschleudert: „Dein ‚Engel' ist nicht das Idol gewesen, das Du so abgöttisch verehrst. Sie hat Dich hintergangen!"

Hätte ich doch bedacht, was ich mit dieser Enthüllung anrichten würde! Die Erkenntnis, von dem liebsten Menschen betrogen worden zu sein, überstieg seine Tragfähigkeit. Wenige Tage später hat man seine Leiche aus dem Fluß geborgen.

Ich finde keine Ruhe mehr, seit ich mein Schweigen gebrochen und meinen Mann in den Tod getrieben habe. Ist nicht auch mein Leben sinnlos geworden?

ANTWORT:

Niemand hat das Recht, Sie zu verachten oder zu verurteilen. So eng auch Ihr Schicksal mit dem der beiden Toten verflochten war, soll und kann es doch nicht darum gehen, menschliches Versagen gegeneinander aufzurechnen. Wir befinden uns nicht in der Rolle Gottes. Und wer will denn sagen, wie die menschliche Tragödie, von der Sie in Ihrem Brief berichten, in seinen Augen ausschaut?

Es spricht gewiß für Sie, daß Sie sich so ernste Gedanken machen, daß Sie nicht versuchen, sich selbstsicher zu rechtfertigen, indem Sie die anderen beschuldigen. Es kann nicht Gottes Wille sein, daß Sie Ihr ganzes weiteres Leben unter dem unheilvollen Vorzeichen, unter dem Menetekel dieses furchtbaren Dramas sehen.

Ihr Brief zeigt deutlich, daß Sie noch keinen Abstand von dem Geschehen haben und darum auch nicht die Klarheit, ohne die Sie nicht leben können. Lassen Sie uns deshalb versuchen, ein wenig mehr Licht in dieses Dunkel der Vergangenheit fallen zu lassen.

Ihre Freundin Anne muß gespürt haben, daß die Liebe dieses Mannes zu ihr zutiefst unecht war. Dennoch hat sie viele Jahre neben ihm gelebt, ohne ihm das dunkle Geheimnis zu beichten, das sie vor ihm verbarg. Man könnte freilich fragen: Hätte sie das wirklich tun sollen? Wollte sie ihn mit ihrem Schweigen nicht bloß schonen? War das nicht ein barmherziges Schweigen? Wußte sie doch nur zu gut, wie schwach die seelische Tragfähigkeit ihres Mannes war. Und wo ein Geständnis nur zerstörend wirkt, da ist es doch besser, die Wahrheit zu verschweigen. So gesehen wäre es also ein Zeichen edler Gesinnung, die Verfehlung mit sich selbst und vor ihrem Herrgott abzumachen. Nicht mit dem, der an dieser Erkenntnis erstickt wäre. Denn mit der Einsicht, betrogen worden zu sein, hätte der so Hintergangene jede Hoffnung auf Zukunft verloren.

Doch müssen wir nicht um der Wahrhaftigkeit willen das Schweigen Ihrer Freundin ganz anders verstehen? Hat Sie es damit nicht sich selbst und zugleich ihrem Mann leicht gemacht, allzu leicht? Aber eben nicht aus dem Gedanken, ihn zu schonen, nicht aus Liebe, sondern aus Angst! Wäre es nicht für das innere Reifen der Ehe notwendig gewesen, hätte es nicht im wahrsten Sinne des Wortes die Not dieser Ehe wenden können, wenn diese so verwöhnte Frau ihr Versagen offen bekannt und ihrem Manne diese desillusionierende Enttäuschung zugemutet hätte? Nein, Anne hat nicht gut daran getan, der schmerzlichen Krise ihrer Ehe zu entfliehen, nur um weiterhin auf der Sonnenseite des Lebens zu stehen. So hat sie die Chance einer möglichen Heilung ihrer Ehe vertan. Und so hat es ihr Mann denn auch nie in seinem Leben geschafft, seine Frau als Partnerin, als eine selbständige und mündige Person anzunehmen, die frei ist, sich für ihn — aber auch gegen ihn! — zu entscheiden. So hat er denn nicht aufgehört, ein Idealbild auf seine Frau zu projizieren. So hat er die Wirklichkeit und den wirklichen Menschen verfehlt.

Darum war seine Enttäuschung so vernichtend. Die Projektion aller guten und aller denkbaren positiven Eigenschaften auf das erwählte Objekt hatte aus dieser Frau in seinen Augen ein engelhaftes, ein nahezu göttliches Wesen gemacht, das er für die einzige Quelle seines Lebensglückes hielt. Wäre er durch ein mutiges Geständnis seiner Frau mit der harten Wirklichkeit konfrontiert worden, dann hätte das, wie gesagt, zu der notwendigen und vielleicht heilsamen Krise dieser Ehe führen können. Wäre es aber nicht auch denkbar, daß dieser Mann dann noch konstanter die Wirklichkeit geleugnet hätte? Daß er sein seelisches Gleichgewicht für immer verloren hätte? Er konnte ja nicht mehr leben ohne das Bild des „Engels", das er sich von seiner Frau gemacht hatte. Und weil dieses Bild inwendig in ihm war, wurde er schließlich selbst zerrissen und vernichtet, als der „Engel" nun zum zweiten Male und damit für ihn endgültig sterben mußte.

Dieser „Engel" war für ihn an die Stelle Gottes getreten. Aber weil es ohne Gott keine Vergebung gibt, konnte dieser Mensch nicht aus der Vergebung leben. Er konnte weder sich selbst vergeben, noch der geliebten Frau. Vergeben setzt ja voraus, daß ich den anderen, den Partner, in seinem Anderssein gelten lasse. Weil er das nicht fertigbrachte, konnte er auch Sie, seine zweite Frau, nicht liebend annehmen. Im Gegenteil: Er hat Sie überfordert, indem er von Ihnen erwartet hat, daß Sie so würden wie seine erste Frau.

Gewiß, Sie hätten das Unmögliche nicht versuchen sollen, die erste Frau Ihres Mannes zu „ersetzen“, ihr gleich zu werden. Sie hätten nicht darauf verzichten dürfen, ein Original zu sein, um eine Kopie zu werden. Sie hätten ihm klar sagen sollen: „Ich bin nicht Anne. Ich bin ich selber!“ Das war Ihr Fehler. Andererseits haben Sie jahrelang in großer Selbstbeherrschung das Schweigen bewahrt. Manche andere Frau hätte in ihrer Lage schon längst ein solches Geheimnis verraten.

Wie wenig er in Wahrheit für Sie da war, das hat er schließlich durch seinen Freitod bewiesen. Mag seine Enttäuschung ihm noch so weh getan haben, bei diesem letzten Schritt hätte er bedenken müssen, wie sehr er Sie damit seelisch unter Druck setzen würde.

Es ist freilich eine bittere Erkenntnis, die niemandem erspart bleibt, daß wir Geschehenes nicht ungeschehen machen können. Aber Ihr Leben ist durch das Gewesene nicht sinnlos geworden! Sie sollten diese Kinder annehmen im Andenken an Ihren Mann und an Ihre Freundin, denen Sie ihr Anderssein und ihre Verfehlungen vergeben haben. Mit der Erfüllung dieser großen Aufgabe werden Sie in Ihrem Dasein einen neuen Sinn entdecken. Die beiden Toten haben kein Recht, Ihr Leben unter einen dunklen Zwang zu stellen. Nun haben Sie die Kinder. Sie haben Zukunft.

▪

Einer Tochter würde ich sagen: Laß dich mit keinem Romantiker ein, es hat nie schlechtere Ehekandidaten gegeben als sie, die weder sich noch eine Frau zu führen wissen.
Zwar gibt es nichts Schöpferischeres als Illusionen; aber diejenigen, die die Frauen betreffen, hindern uns auch, den wirklichen Weltlauf zu begreifen.

Otto Flake

V. DEMÜTIGUNGEN

Wenn einer den anderen klein machen will

Unergründlich ist die verborgene Regie des Unbewußten. Stets finden sich beide mit nachtwandlerischer Sicherheit: der Tyrannische und der Unterwürfige, der Gebieter und sein Sklave. Magisch werden sie voneinander angezogen.
„Du sollst mal wieder ganz klein und mies werden! Du sollst spüren, wie ich Dich in der Hand habe!" Hemmungslos und ohne jede Selbstkontrolle muß sich der Sadist durch gezielte Tiefschläge immer wieder selbst bestätigen, bis sein gedemütigtes Gegenüber ausgeknockt ist; bis es sich ihm mit Leib, Seele und Geist ausliefert. Der Tyrann — oder die Tyrannin — lebt von der totalen Abhängigkeit des Partners, der es aufgegeben hat, er selbst sein zu wollen. Das ist seine Art zu „lieben". Und es gibt Menschen, die — gegen alle Vernunft und gegen bessere Einsicht — nur leben können, die es sogar als Lust erleben, wenn sie gedemütigt werden.
Wie groß ist denn der in Wahrheit, der den anderen klein macht? Der sich ‚oben' fühlt, wenn der andere down ist? Er lebt in der ständigen Furcht, der Gedemütigte könnte eines Tages zu sich selbst finden und sich dann nicht mehr bedingungslos unterwerfen. Dann würde ihm der Boden unter den Füßen schwinden. Dann würde sein Opfer ihm den Spiegel vorhalten, der seine Ohnmachtsgestalt offenbar macht. Darum muß der Unterdrücker seine Minderwertigkeitsgefühle verdrängen und sich an der Angst des leidenden Partners weiden. In Wahrheit ist er zutiefst halt- und hilflos.
Es gibt Ehen, in denen Mann und Frau sich wechselseitig quälen und demütigen, obwohl sie zugleich beide darunter leiden. Doch kein Mittel dieser Tyrannei wirkt so verletzend, so vernichtend wie demütigendes Schweigen. „Du bist für mich Luft! Es lohnt sich nicht, für Dich überhaupt den Mund aufzumachen!" Ich wette, Sie kennen das aus Erfahrung. Ein solches Schweigen könnte der Anfang vom Ende sein.

Ich habe mich von ihm abrichten lassen

Vor zehn Jahren, als ich meinen Mann kennenlernte und wir kurz darauf heirateten, war er neununddreißig und bereits geschieden. Er arbeitete als Techniker für eine deutsche Firma in Bombay, wo ich — damals vierundzwanzig — als Dolmetscherin in demselben Unternehmen angestellt war.

Erst als wir, ein Jahr darauf, nach Düsseldorf zogen, erfuhr ich, daß wir eine Unsumme Schulden hatten. Ich entschied mich für äußerste Sparsamkeit und drehte jeden Groschen um. Jahrelang habe ich unseren gesamten Lebensunterhalt von Nachhilfeunterricht und von englischen bzw. italienischen Übersetzungen bestritten. Mein Mann dachte gar nicht daran, auf seinen Urlaub in der Karibik, an der Adria und auf Mallorca zu verzichten. Er versteht es meisterhaft, andere für sich arbeiten zu lassen, während er hauptberuflich Imagepflege treibt. Wir haben eine Visitenkartensammlung rund um die Welt.

Anfang vorigen Jahres — wir waren endlich aus dem Schlimmsten heraus — trat die Krise unserer Ehe offen zutage. Seit er wieder arriviert ist, hält er mir täglich vor, ich käme ja doch aus ganz einfachen Verhältnissen. Immer wieder muß ich um das nötige Haushaltsgeld betteln und fragen, ob ich für Jochen oder für Klaus-Peter Schuhe kaufen darf. Die beiden sind fünf und sieben Jahre alt. Mal kriege ich nur DM 60,—, mal gibt er DM 150,— Haushaltsgeld von Woche zu Woche. Und das stets mit der demütigenden Bemerkung: „Du gibst mein ganzes Geld aus!".

Wie das letzte Lehrmädchen putzt er mich vor allen Bekannten herunter: „Das einzige, wozu man dich gebrauchen kann, ist Bierholen", schreit er im Beisein der Kinder und fordert mich auf, zum Psychiater zu gehen. Keine Spur realitätsbezogen sei ich und dazu ganz ungebildet.

Tatsache ist: Er hat mit Hängen und Würgen die Mittlere Reife geschafft und ist trotz seiner 49 Jahre ganz und gar unausgegoren und unreif. Seine Gespräche kreisen nur um die eigene Person, und auch in sexueller Hinsicht verhält er sich völlig egozentrisch. Als wir uns kennenlernten, war er ein kleiner Casanova. Ich habe ihn geheiratet, weil ich spürte, wie hilflos er im Grunde ist. Seine Cousine sagt, er habe einen unausgeglichenen und tyrannischen Vater gehabt. Seine Stiefmutter habe ihn vernachlässigt und nur für die eigenen Kinder gelebt.

Bei uns war das ganz anders. Ich fühlte mich zuhause geborgen. Als mein Vater — vier Jahre nach meiner Mutter — starb, war ich achtzehn. Vater hat mir jeden Wunsch erfüllt. Aber ich habe ihn auch um alles gefragt. Es wäre mir gar nicht eingefallen, mit einer Freundin auszugehen oder mir etwas zu kaufen, was mir gefiel, ohne ihn vorher zu fragen.

Diese Geborgenheit hat mir mein Mann nie zu geben vermocht. Gestern abend ist es nun zu einem furchtbaren Eklat gekommen. Zwei Stunden hat er so getobt und gebrüllt, daß es die ganze Nachbarschaft mitbekommen mußte. „Entweder du bist in Zukunft ganz kusch-dich oder du springst über die Klinge — und dann hilft dir keiner mehr!“, schrie er in sinnloser Wut. Nach diesem Trommelfeuer von Beleidigungen und Beschimpfungen bin ich jetzt moralisch am Ende. Als er mir schließlich vorwarf: „Die Kinder hast du auch völlig vermurkst!“, bin ich kopflos aus dem Hause gelaufen.

Ich bin sicher, das alles tut ihm gar nicht leid. Ihn drückt nur eines: ‚W a s wird sie nun w e m erzählen: Und w i e ziehe ich mich geschickt aus der Affäre?‘.

Das Schlimmste ist, ich glaube jetzt selbst, daß ich zu nichts tauge. Ich habe mich in den zehn Jahren von ihm abrichten lassen und wie ein Schäferhund gespurt, wenn er kommandierte: „Bei Fuß!“ oder „Down!“. Früher habe ich versucht, etwas aus mir zu machen und hab's doch auch geschafft. Heute habe ich keinen Mut mehr. Meine Ehe ist die Hölle! Sehen Sie da doch noch einen Ausweg?

ANTWORT:

Ihr Brief offenbart einen tiefgreifenden Widerspruch: Das kritische Urteil über Ihren Mann und Ihr so gefügiges Verhalten lassen sich nicht auf einen Nenner bringen. Sie durchschauen seinen übermächtigen Geltungsdrang und seine Herrschsucht und erkennen die verborgene Unsicherheit. Dennoch unterwerfen Sie sich widerstandslos seinem Willen. Damit deklassieren Sie sich selbst — nehmen Sie bitte das Wort nicht übel — zur Marionette. Wäre das Ganze nicht so ernst, dann möchte man sagen: In Ihrer Ehe gehe es zu wie in einem Zirkus: Ihr Mann ist der Dompteur, Sie sind die „dressierte" Frau.

Täglich erleben Sie, wie ihm bei seinem Drang, Menschen zu beherrschen, jede Selbstbeherrschung fehlt. Uneingeschränkt will er vor allem über Sie verfügen wie über eine Sache und hat sich selbst nicht in der Hand. Stets fühlt er sich darauf angewiesen, sein Können und seinen Selbstwert zu überschätzen. Seine würdelose Prestigesucht wird von der Unzufriedenheit mit sich selbst genährt. Pausenlos werden seine Nerven von innerer Unruhe aufgepeitscht. Das fehlende Augenmaß für seine Grenzen drückt sich darin aus, daß er stets „oben" sein muß und Sie „unten".

Sein selbstvermessener Herrscherdrang ist ihm zur verbindlichen Lebensnorm geworden.

Diese infantile Selbstüberschätzung will der fast Fünfzigjährige natürlich nicht wahrhaben. Darum blendet er von vornherein jede Selbstkritik aus. Alle Welt hat sich ihm anzupassen; er aber denkt nicht daran, sich der Welt anzupassen. Er würde es sich als Schwäche anrechnen, wenn er einen Rat annähme oder jemandem nur in einem einzigen Punkt zustimmen würde. Aus

Furcht, jemals nachgeben zu müssen, steht er grundsätzlich in Opposition.

Das alles macht Ihren Mann unfähig zu lieben; denn zur Liebe gehört die Kunst des Verstehens. Und dieses Wort meint ja: Sich im Geist dorthin stellen, wo der andere steht, in dessen Rolle ich mich versetzen muß. Je weniger das gelingt, je weniger einer seinen eigenen Gefühlen und denen seines Partners nachzugeben vermag, um so unerfüllter wird die Ehe sein.

Das zwingende Bedürfnis, zu beeindrucken und bewundert zu werden, verhindert jede echte mitmenschliche Begegnung, jedes Liebenkönnen. Weil er so mimosenhaft empfindlich ist, vermutet Ihr Mann stets Demütigungen. Auf jede Kritik reagiert er gekränkt, wütend, feindselig und mit unterschwelliger Angst. Dabei gebärdet er sich wie ein Sklavenhalter. Seine Hilflosigkeit wirkt wie eine Peitsche, um anderen seinen Willen aufzuzwingen und in jedem die Vorstellung wachzuhalten, er habe stets für ihn dazusein. Nie ist er zufrieden mit dem, was man für ihn tut. Auf jede Wohltat antwortet er mit noch mehr Ansprüchen.

Sie haben angedeutet, welch demütigende Kindheitserfahrungen Ihr Mann gemacht hat. Verbirgt sich etwa hinter seinem arroganten und selbstgerechten Auftreten ein enttäuschtes Liebesbedürfnis? Da ist der unberechenbare und herzlose Vater. Da ist die Stiefmutter, die seine Geschwister, ihr eigenes Fleisch und Blut, ihm, dem Stiefkind, vorgezogen hat. Sollten etwa das ungesunde Geltungs- und Machtstreben, der Selbstvergrößerungswahn und der Hang, anderen wehzutun, hier ihre Wurzel haben? Als Kind hat er darunter gelitten, daß man ihn nicht wollte. So wuchsen Haß und Angst in ihm. Nie konnte er ein gesundes Selbstbewußtsein entwickeln. Stets fühlte er sich bloßgestellt, benachteiligt, gedemütigt. Sein Verlangen nach Liebe blieb unerfüllt. Er fühlte sich ohnmächtig und ausgeliefert. Weil es niemanden gab, der für ihn dasein wollte, wappnete er sich gegen seine Angst und gegen seine Hilflosigkeit, indem er nach Macht strebte, nach Geltung und nach Geld.

Aus dem Gefühl der Demütigung erwächst nicht selten das Verlangen, andere zu demütigen. Und wer befürchtet, daß jeder Schlag mit einem Gegenschlag beantwortet wird, lebt in ständiger Angst vor Vergeltung. Übergroße Empfindlichkeit macht aber die Ängstlichen nicht rücksichtsvoller. Sie verstärkt vielmehr den Wunsch, andere zu kränken.

Weil nun ein Eheproblem in den seltensten Fällen einseitig verursacht ist, sollten Sie sich schonungslos prüfen, ob und wie Sie daran mitgewirkt haben könnten, die folgenschwere Selbsttäuschung Ihres Mannes zu fixieren.

Freilich ist Angst dabei im Spiel gewesen. Immer wieder hat er rücksichtslos den Tribut der Angst eingetrieben: Vorbehalt- und widerspruchslose Anerkennung. Doch könnte nicht auch der Gedanke bei Ihnen mitgewirkt haben, er habe ja nur so eine Chance, der Welt — und vielleicht auch Ihnen? — irgendwie zu imponieren: Eben durch die blendende Fassade, die er immer wieder aufzurichten versteht?

Sie sollten sich prüfen, ob Sie das „kritische Alter" Ihres Mannes einkalkuliert haben. Unversehens ist er ins Klimakterium geraten. Seine sexuellen Kräfte lassen nach. Und das will er kompensieren, indem er den starken Mann spielt, seine Umgebung und insbesondere Sie terrorisiert, um sein Machtbedürfnis zu befriedigen.

Macht übt er aus, indem er Ihnen das Haushaltsgeld mal gnädig in kleinen Raten gibt und dann wieder brutal kürzt. Macht übt er aus, indem er die ganze Familie vor sich erzittern läßt. Und wer weiß, ob er nicht gelegentlich insgeheim triumphiert bei der Vorstellung, er habe Ihnen die Kinder „angedreht" als ein Handikap, damit Sie Ihren beruflichen Interessen nicht nachgehen können, wodurch er sich wiederum unterlegen fühlen würde.

Sie fragen sich, ob es denn überhaupt noch eine Chance gibt, Ihre Ehesituation positiv zu wandeln. Um Ihnen grundsätzlich zu antworten: Niemand anderes als Sie kann Ihren Mann aus den Klauen seiner Angst- und Minderwertigkeitsgefühle, die seinen Selbstvergrößerungswahn auslösen, befreien. Solange Sie ihn nicht mit seinen Grenzen konfrontieren, besteht auch nicht die geringste Aussicht, daß er Sie als Frau und als Mensch achten und annehmen wird.

Sie werden fragen: W i e sollte ich dieses Unmögliche vollbringen? Dieses Ziel, daß Ihre ganze seelische Kraft erfordert, werden Sie freilich nie erreichen, solange Sie bereitwilligst die Rolle der „dressierten Frau“ spielen. Sie dürfen nicht länger seine Marionette sein! Hier hilft kein Kompromiß, sondern nur harte Entschiedenheit, auf die Gefahr hin, daß er sich nicht ändert, wenn Sie sich ändern. Das Risiko, daß Ihre Ehe damit endgültig zerbricht, kann Ihnen niemand abnehmen. Man muß aber den Teufel durch das Loch austreiben, durch das er hereingekommen ist.

Eben darum sollten Sie noch eines bedenken: Es gehört Mut dazu einzusehen, wie Sie — die um fünfzehn Jahre jüngere Ehefrau — Ihren Mann immer wieder dazu bringen, daß durch ihn die Konfliktsituation Ihrer Kindheit stets neu entsteht. Haben Sie in ihm — vielleicht mehr unbewußt als bewußt — den Vater gesucht? Sie betteln um Haushaltsgeld. Verstehen Sie doch, wie sehr Sie durch Ihre Demutsgebärden dazu beitragen, daß er sich nicht als Ihr Partner, sondern als Ihr Gebieter verhält. Die eigenen unbewältigten Kindheitserfahrungen mit dem Vater, der Sie noch mit achtzehn Jahren um jede Kleinigkeit bitten ließ, wirken in Ihnen nach. Ihr Mann hingegen braucht Ihre Schwäche, Ihre Ohnmacht, Ihr Abhängigkeitsgefühl, um sich selbst stark zu fühlen. Er diktiert Ihnen diese passive Rolle zu, und Sie spielen sie bereitwillig, weil Sie unter dem Zwang stehen, Ihren unbewältigten Kindheitskonflikt zu wiederholen. Ihr Mann nutzt die Situation aus: Seine „dressierte Frau" dient ihm dazu, die eigene Schwäche zu überspielen.

Erst wenn Sie ganz zu sich selbst kommen und ihm beweisen, wer Sie wirklich sind, wird es sich zeigen, daß er im umfassenden Sinne impotent ist. Nur so wird eine Heilung von seinem Wahn und eine Erneuerung Ihrer Ehe möglich sein. Für Sie geht es — so oder so — um die Achtung vor sich selbst. Ohne dieses Selbstwertgefühl können Sie ihm auch nicht die echte partnerschaftliche Zuwendung schenken, die ihm Mut macht, sich selbst endlich in die Hand zu bekommen und er selbst zu werden.

Der Weg dahin ist beschwerlich — für Sie nicht weniger als für ihn. Aber viel mehr Menschen, als wir zu hoffen wagen, könnten zu tieferer Einsicht und zu einer Lebenserneuerung kommen, wenn wir nur fest daran glauben würden, daß jeder von uns als Ebenbild des Schöpfers entworfen ist.

▪

Solange ein Mensch lebt, ist immer noch Hoffnung; mag auch die Ernüchterung, Verarmung und vor allem die Herzenskälte einer Ehe die Grenze des Unerträglichen erreichen. Vielleicht läßt mich einmal ein neuer Blick im Auge des anderen, das ja nicht zeitlebens stumpf bleiben muß, aufmerken. Vielleicht läßt mich dieser Blick ihn neu annehmen, auch wenn ich bereits resigniert habe. Auch ich kann ja frei werden. Ich kann einen solchen, alles sagenden Blick aufnehmen, durchtragen. Ich kann aber auch ausweichen und feige versagen. Es gibt auch eine Verweigerung des Heils in der Ehe. Erst dadurch wird sie endgültig zerstört.

Eckbert Höflich

Welcher Teufel mag in meinen Mann gefahren sein?

Was ich Ihnen schreiben muß, damit sie sich unsere trostlose Ehe vorstellen können, ist entmutigend. Seit zwei Jahren ist mein Mann unheimlich verändert. Er ist gar nicht mehr derselbe Mensch. Als wir uns kennenlernten, fand er, ich sähe seiner verstorbenen Mutter ähnlich. Er muß sehr an ihr gehangen haben.

Eigentlich sind wir immer miteinander zufrieden gewesen. Heute tut sich mein Mann nur noch selbst leid. Er dreht alles zu seinen Gunsten. Meisterhaft versteht er sich darauf, seine Fehler an mir zu tadeln. Ich sei zänkisch und faul, sagt er, während er sich den ganzen Tag auf dem Sofa räkelt und nörgelt.

Immer wieder betont er, wie dumm ich sei. Früher hat er ganz offen von seiner mangelhaften Schulbildung gesprochen und mich gebeten, ihn zu korrigieren. Heute ist ihm das unangenehm. Er wird sofort ausfallend, auch gegen unsere elfjährige Birgit, wenn sie ihn auf seine sprachlichen Fehler und auf seine schlechten Manieren aufmerksam macht.

Birgit kann ihren Vater schon nicht mehr sehen. Kürzlich kam sie völlig außer Atem nach Hause. Auf der Straße sei ihr plötzlich ein roter Wagen entgegengekommen, der so ausgesehen habe wie seiner. „Da war mir, als ob die Englischlehrerin in die Klasse kommt und sagt: ‚Hefte raus; wir schreiben eine Arbeit!'" Birgit hält natürlich zu mir. Darum ist mein Mann unglaublich eifersüchtig auf seine eigene Tochter.

Sein schlechtes Benehmen spottet wirklich jeder Beschreibung. Ständig bohrt er in der Nase und fläzt sich bei den Mahlzeiten, schlürfend und schmatzend, über den Tisch. Seit zwei Jahren sind wir nie mehr zusammen ausgegangen. Wir verkehren mit niemandem und sprechen nur das Unvermeidlichste, meist bei laufendem Fernsehapparat. Übrigens ist mein Mann mehr als wehleidig und hat höllische Angst vor dem Zahnarzt. Lieber legt er sich mit Zahnschmerzen ins Bett und schluckt eine Tablette nach der andern.

Seit Stephan da ist, beklagt sich mein Mann, er werde von mir gröblich vernachlässigt. Dabei komme ich kaum zu mir selbst. Für Birgits Schularbeiten bin ich ohnehin allein zuständig. „Du bist nur hinter meinem Geld her und ziehst mich aus bis aufs Hemd", schimpft er vor den Kindern. Dabei stellt er für sich selbst die höchsten Ansprüche, raucht seine 30 bis 40 Zigaretten pro Tag, geht regelmäßig in die Kneipe und schämt sich nicht, den Kindern das Geld aus der Spardose zu nehmen.

Ich hatte mir immer schon sehnlichst ein zweites Kind gewünscht. Als ich aber mit siebenunddreißig Jahren schwanger wurde, konnte ich es kaum fassen. Aber seither kann ich für meinen Mann nur noch Verachtung empfinden. In unmenschlicher Weise hat er danach getrachtet, das Leben des kleinen Stephan auszulöschen. „Ich mache mir Sorge um Deine Gesundheit", sagte er heuchlerisch, „darum halte ich es für das Beste, Du läßt Dir das Kind wegnehmen". Als ich ihm versicherte, keine Macht der Welt werde mir das Kind nehmen können, bemerkte er zynisch: „Vielleicht haben wir Glück, daß es stirbt — wie damals". Damit spielte er auf die Frühgeburt an, die ich vor neun Jahren hatte.

Als ich im siebten Monat mit Stephan ging und gerade von der Ärztin kam — das war vor zwei Jahren — bin ich auf der Straße ganz unglücklich gefallen. Mein Mann dachte nicht daran, mich ins Krankenhaus zu bringen, obwohl damit zu rechnen war, daß ich das Kind zu Hause nicht mehr austragen konnte. Bis zur Entbindung überließ er mir auch die schweren Hausarbeiten und rechnete im stillen mit einer Frühgeburt.

Gestern war die Hölle los. „Hau' endlich ab, sonst mache ich Dich noch kaputt!" schrie er in einem Wutanfall. Ich bin am Ende mit meiner seelischen Kraft. Jetzt weiß ich, daß meine Bemühungen, wieder einen ordentlichen Mann aus ihm zu machen, gescheitert sind.

Vor kurzem ist einer seiner Arbeitskollegen tödlich verunglückt. Der war auch gerade vierzig und Elektriker, wie er. Mein erster Gedanke war: Hätte es doch ihn erwischt! Dann wäre endlich Friede. Aber dann war ich über mich selbst erschrocken und bat Gott, er möge mir verzeihen. Welcher Teufel mag in meinen Mann gefahren sein, der ihn so verändert hat?

ANTWORT:

Sie leiden darunter, daß Ihr Mann seit zwei Jahren in seinem Wesen total verwandelt ist. Sein krasser Egoismus, seine Launen und sein schlechtes Benehmen haben Ihre eheliche Gemeinschaft veröden lassen. Er lügt, weil er sich selbst leid tut, und weil das bequemer ist, als der Wahrheit standzuhalten. Auch die Schwangerschaft empfand er als belastend. Nicht wegen der Nachbarn, oder weil er so sehr um Ihre Gesundheit besorgt gewesen wäre, sondern wegen der Verpflichtungen, die ein zweites Kind mit sich bringt. Der Gedanke, daß Ihnen dieses zweite Kind Erfüllung in Ihrem Mutterdasein bedeutet und daß sein Nein zu diesem Kinde einer Absage an seine Mutter gleichkommt, war ihm fremd.

Wie läßt sich der unheilvolle Wandel im Verhalten Ihres Mannes erklären? Warum lehnt er sogar seine Kinder innerlich ab? Die Antwort kann nur heißen: Ihr Mann hat in Ihnen seine Mutter geheiratet. Hier liegt der wichtigste Schlüssel zu Ihrem vielschichtigen Eheproblem.

Ganz sicher hatte das Unglück der Frühgeburt in Ihnen den Wunsch nach erneuter Schwangerschaft geweckt. Als Mutter wollten Sie mit dieser Geburt den Schicksalsschlag überwinden. Es muß Sie zutiefst verwundet haben, als sich Ihr Mann so brutal verständnislos zeigte. Und diese Wunde ist zu einem chronischen seelischen Trauma geworden. Seither erleben Sie Ihren Mann nur noch als Feind, der Ihnen das Kind nehmen wollte.

Sie haben vergeblich darauf gewartet, als Frau bestätigt und geführt zu werden. Sie haben sich nach einem Partner gesehnt, zu dem Sie aufschauen könnten. Die Fehlanzeige, die Ihr Mann in dieser Hinsicht immer wieder erstattet hat, mußte Sie mehr und mehr enttäuschen. So entwickelte sich in Ihnen eine Allergie und ein unwiderstehlicher Haß gegen ihn.

So ist denn das Bild, das Sie von ihm zeichnen, vom Haß verzerrt. Mit bitterem Spott sprechen Sie von seinen Verdrehungskünsten, von seiner Trägheit und von seiner mangelhaften Bildung. Ihrem vom Haß geschärften Blick entgeht nichts.

Einige Andeutungen in Ihrem Brief sprechen aber dafür, daß Ihr Mann auch Eigenschaften hatte, die auf eine positivere Entwicklung Ihrer Ehe hoffen ließen. Sie schreiben, früher habe er sich offen zu seinen Schwächen bekannt und Sie gebeten, seine sprachlichen Schnitzer zu korrigieren. Er war also bereit, an sich selbst zu arbeiten und einen gemeinsamen Weg des Verstehens zu finden. Lag darin nicht eine Chance für ihn und für Sie?

Sie neigen offenbar dazu, zuviel pädagogischen Ehrgeiz zu entwickeln. Haben Sie ihn nicht allzu streng und allzu oft korrigiert? Haben Sie sich vielleicht auf seine Kosten in dem Gefühl Ihrer Überlegenheit selbst bestätigt? Wenn von Ihnen zu ihm ein Niveaugefälle der Intelligenz besteht, dann macht das Ihre Situation schwieriger und auch versuchlicher als im umgekehrten Fall. Und anscheinend haben Sie ihn restlos überfordert. Er wurde träge und gleichgültig. Schließlich sogar gemein und unmenschlich.

So haben Sie — ohne es zu wollen — an dieser verhängnisvollen Entwicklung mitgewirkt. Durch Ihre Versuche, Ihren Mann umzukrempeln, fühlte er sich mehr und mehr eingeengt und in seiner persönlichen Freiheit beschränkt. Hat Ihr Mann nicht ursprünglich in Ihnen den Menschen gesucht, der ihm insgesamt — nicht bloß bei seinen sprachlichen Ausrutschern! — helfen könnte, sich menschlich zu entfalten? Aber schließlich empfand er Sie als lästige Gouvernante, die ihn von 0 bis 24 Uhr am Gängelband hatte. So ist zu seiner Willensschwäche am Ende die Resignation gekommen, bis er sich hemmungslos gehenließ. Und jetzt „spuckt" er das „aus", was an Bitterkeit in ihm steckt. Die beleidigenden Worte verraten seine Ohnmacht.

So ist ihm schließlich nur die Wahl geblieben, sich Ihren Maßnahmen und Korrekturen widerstandslos zu fügen, o d e r offen gegen diese Bevormundung zu meutern. Er tat das Letztere. Sooft Sie ihn Ihre Überlegenheit spüren ließen, beantwortete er die Geringschätzung mit Nichtachtung und durch denkbar schlechtes Benehmen.

Dabei ist er immer unsicherer geworden. Beides verzahnte sich und griff ineinander: Ihre Ungeduld und seine Unsicherheit. So haben Sie sich gegenseitig in immer extremere Verhaltensweisen hineingetrieben und immer weniger Verständnis dafür aufgebracht, daß der andere anders ist als man selbst. So sind Sie sich fremd und feind geworden. In der Ehe wird nämlich jeder das, was der andere aus ihm macht. Und dieser Prozeß kann — mit positivem, aber auch mit negativem Vorzeichen — bis zur völligen Verwandlung gehen.

Ihre Gefühle füreinander sind aber keineswegs von Anfang an negativ gewesen. Gleichgültig sind Sie sich auch heute nicht. Enttäuschte Liebe ist etwas anderes als Gleichgültigkeit.

Freilich, das Gefühl, bei wichtigen Entscheidungen von Ihrem Manne im Stich gelassen zu sein, war schmerzvoll. Aber am Ende hat Ihre Enttäuschung auch das Bewußtsein Ihrer Mitverantwortung verdrängt. In dem Maße, wie Sie innerlich von Ihrem Manne abrückten, haben Sie Birgit auf Ihre Seite gezogen und verwöhnt. Sie haben die elfjährige Tochter zu Ihrer Bundesgenossin gemacht. Sie würden sich selbst einen schlechten Dienst erweisen, wenn Sie davor die Augen schließen wollten.

Ihr Brief reicht nicht aus, um das verzurrte Knäuel von Schuld und Schicksal entwirren zu können. Kein Dritter kann verbindlich sagen, ob Ihre Ehe jemals noch heil werden kann. Ohne Sie wird er sich so wenig ändern, wie Sie das ohne ihn schaffen werden. Denken Sie daran, daß Sie die wichtigste Bezugsperson für Ihren Mann sind. Mehr denn je ist er auf Sie angewiesen — und Sie auf ihn.

Doch ohne einen erfahrenen Ratgeber sind Sie nicht weniger überfordert als Ihr Mann. Geben Sie es auf, mit Ihren harten Anklagen Ihre Kapitulation zu rechtfertigen. Blinder Haß setzt uns gegen den Gehaßten ins Unrecht. Er erstickt jede Selbstkritik im Keim — bei Ihnen wie bei Ihrem Mann. Sie sagen: Ich kann und ich will auch nicht mehr! Sind Sie denn wirklich mit Ihrem Mann endgültig fertig?

Vielleicht ist er inzwischen innerlich so klein geworden, daß er sich kneten ließe wie Wachs. Doch mit solchen Demütigungen wäre weder Ihnen noch ihm geholfen. Auch eine zwangsweise Regelung der finanziellen Fragen würde Ihnen nicht helfen. Das Geldproblem dürfte in Ihrer Ehe ohnehin zweitrangig sein. Es dient mehr als „Aufhänger". Eines ist allerdings schlimm: Ihr Mann ist nicht leidensfähig. Das drückt sich auch in seinem Tablettenkonsum aus.

Aber gleichen Sie sich nicht gerade in diesem Punkte sehr? Wenn es noch einen Ausweg aus dem Labyrinth Ihrer Leiden gibt, dann nur so, daß Sie sich zu Ihrer Mitverantwortung für Ihr Eheschicksal bekennen. Auch dann, wenn Sie jetzt aus Ihrer Ehe aussteigen würden, entgingen Sie nicht der Verantwortung für die Folgen der Flucht aus Ihrer Ehe. Es bleibt also, wie Sie sich auch entscheiden mögen, nur die Flucht nach vorn. Wenn es noch eine Chance gibt, die Trostlosigkeit Ihrer Ehe zu überwinden, dann nur so, daß Sie sich — b e i d e — dafür entscheiden, einander ein hohes Maß an Freiheit zu gewähren. Ihr Mann aber muß zu der Einsicht gelangen, daß er von Anfang an eine falsche Erwartung in Sie gesetzt hat, weil er, wie gesagt, in Ihnen seine Mutter geheiratet hat.

Jede Ehe ist nur so lange stabil, wie Mann und Frau bereit sind, die Leiden anzunehmen und die Lasten zu tragen, die ihnen das Leben auferlegt und die Sie sich gegenseitig auferlegen. Es ist zwar unmodern, vom „Joch der Ehe" zu sprechen, aber an dieser alten Wahrheit muß sich das Leben zu zweit bewähren.

Zum Schluß noch eine Frage, über die Sie — um Ihrer selbst willen — nachdenken möchten: Wie, wenn sich jemand entschließt, zu dem „falschen" Partner Ja zu sagen und, allen Widerständen und Versuchungen zum Trotz, mit ihm zu leben? Nicht aus Resignation, sondern im Wissen um die Verantwortung, die auch die unglücklich Verheirateten füreinander haben. Nicht mit Rücksicht auf die Kinder, sondern im Gehorsam gegen eine unüberhörbare Stimme des Herzens.

▪

Weil wir von vorneherein dem Partner zumuten, Vater oder Mutter zu sein, statt Partner zu bleiben, muß der Partner an uns scheitern. Hier müssen wir uns die Frage stellen: Wer sind denn wir selbst, wenn wir uns den Partner nur als Vater oder Mutter vorstellen können? Handelt es sich doch eindeutig um einen nicht eingestandenen Infantilismus und um eine verfälschende Verewigung der Unreife. Die Not der Unreife ist aber nicht dadurch zu beheben, daß sie zum Ideal deklariert wird.

Wilhelm-J. Revers

VI. ILLUSIONEN

Wenn man utopische und wirkliche Freiheit verwechselt

Die Dirne Mama Roma, Hauptfigur in dem gleichnamigen Fernsehfilm des italienischen Regisseurs Pasolini, sagt zu ihrer Kollegin: „Das Böse, das Du tust, ist wie eine Straße. Die anderen, die hinter Dir hergehen, können nichts dazu." Es geht um die Straße der utopischen Freiheit. Nirgends sind wir so anfällig für die Verführung, nirgends so erregbar wie in unserem Drang nach Freiheit.

Das übliche Gerede von Freiheit meint fast immer nur schnodderige Willkür und unverbindliche Beliebigkeit. Doch Freiheit als Illusion ist nichts als gefährlicher Dilettantismus der Gefühle. Der Bau von Luftschlössern kostet nichts; aber ihre Zerstörung ist sehr teuer (François Mauriac). Der Wahn einer schrankenlosen Freiheit ist selbstmörderisch. Frei ist nicht, wer zu allem Möglichen fähig ist. Wahre Freiheit ist die Macht, die wir über uns selbst haben.

Weil Freiheit gelebt — und das heißt gewagt — werden muß, haben viele Angst vor ihr und fallen nach ersten zaghaften Versuchen in noch tiefere Unfreiheit zurück. Es ist entmutigend zu erleben, wie 40- oder 50jährige ihre Vergangenheit verleugnen — aus Angst, für rückständig gehalten zu werden. Im Namen einer mißverstandenen Emanzipation wollen sie frei sein um jeden Preis: nicht für den Partner, sondern auf dessen Kosten.

Zum Menschsein gehört der Wille, sich selbst zu beherrschen, der Wille, für den geliebten Menschen sich selbst in die Hand zu bekommen. Die Freiheit des Ich wird durch die Freiheit des Du begrenzt.

Je mehr Sie die Fragen und Probleme anderer zu Ihren eigenen machen, um so freier werden Sie von sich selbst sein. Die Würde, ein Mensch zu sein, gründet darin, daß wir uns an den binden, der der Ursprung und das Ziel unserer Freiheit ist.

Er sagt: Auch vor Gott ist Partnertausch zu verantworten

Frau Sch. schreibt:

Bevor ich wegen meines schweren Nierenleidens für einige Wochen ins Krankenhaus muß, möchte ich mir darüber klar sein, ob es für unsere Ehe überhaupt noch eine Zukunft gibt, oder ob ich besser alle Hoffnung begrabe, dieses Geflecht von Irrtum und Schuld zerreiße und mich scheiden lasse.

Mein Mann — er ist 45, ich sieben Jahre jünger — ist ein unglaublich zwiespältiger Mensch. Nach außen gibt er sich solide und seriös, ohne jeden modischen Akzent. Er kann es nicht verkraften, wenn mich unsere Kinder — Karin ist 12, Georg 16 Jahre — vor dem Schlafengehen im Nachthemd sehen. Er verwöhnt die beiden unvorstellbar und erfüllt ihnen jeden Wunsch. Ob er aber um ihretwillen auf eigene Wünsche verzichten würde, wage ich zu bezweifeln.

Vielleicht erklärt sich einiges daraus, daß er eine sehr strenge Internatserziehung genossen und mit ungewöhnlicher Zuneigung an seiner Mutter gehangen hat, die von ihrem Mann schikaniert und brutal unterjocht worden ist.

Mit seiner moralistischen Einstellung konnte er es aber vereinbaren, zweimal ein außereheliches Intimverhältnis zu unterhalten, während ich nie einen Gedanken an einen anderen Mann verschwendet hatte.

Seit drei Jahren ist eine merkwürdige Veränderung mit ihm vor sich gegangen. Da legte er mir eines Abends ein Inserat vor, das etwa so lautete: „Hans und Brigitte, beide 44, suchen häusliche Geselligkeit. Wir finden es reizvoll, mit Gleichgesinnten intime Dinge zu erleben." Mit der ihm eigenen Überzeugungsgabe redete mein Mann auf mich ein und schaffte es, meine Gegenargumente zu entkräften. Man könne, sagte er u. a., mit einem fremden Partner geschlechtlich verkehren wie man miteinander ißt. Ja, auch vor Gott sei der Partnertausch zu verantworten. Wenn solche Beziehungen in gegenseitigem Einvernehmen geschähen, dann sei das nicht einmal gegen das 6. Gebot.

Als ich schließlich auf dieses Abenteuer eingegangen bin, hat mir mein Mann schlimme Szenen gemacht und mich geschlagen. Ich hatte plötzlich das Gefühl, das Ganze sei nur eine Falle gewesen, die er mir gestellt hatte, um sein Verhältnis zu einer anderen Frau zu vernebeln, die ihn seit langem fasziniert. Überdies wollte er offenbar meinen Protest gegen seine pornographische Lektüre zum Schweigen bringen. Seine Behauptung, unsere Ehe werde durch den Partnertausch neue Impulse bekommen, hat sich als verhängnisvoller Irrtum erwiesen.

Herr Sch. schreibt:

Gern folge ich Ihrem Vorschlag, unser gemeinsames Problem auch aus meiner Sicht darzustellen. Ich bin Generalvertreter einer Versicherungsgesellschaft. 45 — sieben Jahre älter als meine Frau. Während sie immer vital und lebensbejahend gewesen ist, neige ich zum Grübeln. Ich lese regelmäßig das Hamburger „Sonntagsblatt", weil mich die kritische Sicht der Zeitprobleme interessiert und auch, um mit unserm Sechzehnjährigen diskutieren zu können. Meine Frau ist zweifellos intelligent; aber in bezug auf unsere Interessen besteht ein erheblicher Niveauunterschied. Diese Problematik ist so alt wie unsere Ehe, die jetzt 18 Jahre besteht.

Unsere eigentlichen Schwierigkeiten liegen auf sexuellem Gebiet. In dieser Beziehung war meine Frau völlig verkrampft und unfrei. Sogar unsere ehelichen Beziehungen empfand sie als sündhaft und litt unter dauernden Schuldgefühlen.

Vor drei Jahren faßte ich den Entschluß, den Panzer ihrer Vorurteile aufzubrechen, weil ich mich danach sehnte, daß wir uns innerlich näherkämen. Ich glaube nämlich, erst auf dem Vehikel der Sexualität finden Mann und Frau wirklich zueinander. Ich habe immer einen Hunger danach gehabt, mich auszusprechen. Nicht über Alltägliches, sondern über das Wesentliche. Vielleicht werden Sie mich auslachen, wenn ich bekenne: Über Gott. Ich war fest überzeugt, meine Frau würde durch intime Beziehungen zu einem anderen Mann gelöster und gesprächsfähiger.

Tatsächlich hat sie noch immer ein ganz falsches Bild von mir. Sie behauptet, ich sei süchtig nach pornographischer Lektüre. Gewiß, hin und wieder lese ich die „Konkret". Auch mal „Intus — Sexologie heute" und die „St. Pauli-Post". Aber wozu denn? Doch nur zur Information im Blick auf unseren Ältesten, der über kurz oder lang mit diesen Tatsachen konfrontiert wird. Aber meine Frau will das nicht verstehen. So ist unsere Ehe immer brüchiger geworden.

Die Kinder haben von alldem nichts mitgekriegt. Aber meine Frau trägt sich mit Scheidungsgedanken. Nun ist sie überdies lebensbedrohlich erkrankt. Schon deshalb denke ich nicht daran, sie im Stich zu lassen. Kann ich mir denn nicht eine Niere herausnehmen lassen? Sehen Sie eine Hilfe für unsere Ehe?

ANTWORT:

Eine Ehe lebt davon, daß Mann und Frau einander so sehen, wie sie wirklich sind. Sie, Herr Sch., behaupten, Ihre Frau habe ein ganz falsches Bild von Ihnen. Sie könne Sie auch nicht verstehen; denn sie sei — trotz ihrer positiven Lebenseinstellung — verkrampft und unfrei. Und so fühlen Sie sich verkannt.

Wenn man beide Briefe unvoreingenommen gelesen hat, fragt man sich: Wer ist hier befangener? Wer ist unfreier? Er oder sie? Wer vereint in sich die größeren Widersprüche? Machen Sie, Herr Sch., sich nicht seit eh und je etwas vor — in bezug auf sich selbst? Mit einer nicht zu erschütternden Selbstverständlichkeit fahren Sie — zum mindesten seit Jahren — zweigleisig. Mit suggestiver Überzeugungskraft spielen Sie Ihre Doppelrolle. Sie plädieren für Freiheit und entwickeln krankhafte Vorstellungen in bezug auf das, was im menschlichen Geschlechtsleben „natürlich" und „normal" ist. Und im Namen dieser „Freiheit" sind Sie mit dem Brecheisen an den Persönlichkeitskern Ihrer Frau herangegangen, um, wie Sie schreiben, „den Panzer ihrer Vorurteile aufzubrechen". Heute spüren Sie, daß Sie den seelischen Schaden, den Sie damit angerichtet haben, nicht reparieren können.

Sie mögen es nicht zugeben, aber Sie haben Angst, tiefgreifende Angst vor Entdeckung und Bestrafung. Ihr moralistisches Gehabe, das Ihre Frau durchschaut, ist nur die andere Seite desselben Übels, eine andere Form, in der sich Ihre Angst ausdrückt. Trotzdem setzen Sie sich, im Namen Ihrer „Freiheit", über jeden gebotenen Abstand im Bereich des Geschlechtlichen hinweg. Sie leben so, als sei der Mensch der rechte Flügelmann in der Reihe der Säugetiere. Aber so gewinnen Sie keine mitmenschliche Nähe, keine Unbefangenheit. Ihre Flucht vor der Bewährung im Alltag zu zweit in das vermeintliche Gruppenparadies konnte Ihrer Ehe nicht auf die Beine helfen, mußte aber Ihre Frau zutiefst verwunden.

Sie schreiben, die Kinder seien von alldem unberührt geblieben. Tatsächlich sind Ihre krankhaften, selbstgenießerischen Experimente und Lebensgewohnheiten nicht zuletzt auf ihre Rechnung gegangen. Dabei reden Sie sich und anderen ein, Sie könnten den Jungen am wirksamsten vor den schädlichen Einflüssen pornographischer Erzeugnisse schützen, indem Sie selbst sich gründlich damit beschäftigen. Reichen denn Ihre enttäuschenden Erfahrungen noch nicht aus, um Ihnen zu beweisen, wie leicht Sie auf die schiefe Ebene geraten?

So wenig es jungen Menschen hilft, wenn man sie über die Anatomie und über die Funktionen der Geschlechtsorgane „aufklärt" und dabei das Wunder der menschlichen Seele verschweigt, so wenig können die Abbildungen von nacktem Fleisch, von sexuellen Variationen und Perversionen unsere Kinder gegen Verführung und Schaulust immunisieren. Menschliche Reife kommt hier wie dort nicht aus Information, so wichtig es ist, Fragen der Geschlechtlichkeit unbefangen mit unseren Kindern zu erörtern. Sie kann nur durch den Einfluß einer gestandenen und verstehenden Erzieherpersönlichkeit gewonnen werden.

Der sinnsuchende junge Mensch wird durch Pornographie brutal fehlinformiert. Hier trägt der andersgeschlechtliche Partner keine persönlichen Züge. Er ist nur noch Sexualobjekt. Während menschliche Liebe auf die unaustauschbare Person des Partners gerichtet ist, zielen Pornoreize ausschließlich auf die eigene Triebbefriedigung. Es ist also kein harmloses Hobby, Herr Sch., mit dem Sie sich beschäftigen.

Der Brief Ihrer Frau zeigt, daß sie versucht, Ihr zwiespältiges Wesen zu verstehen. In der Tatsache, daß sie ja doch beide dieselben enttäuschenden Erfahrungen gemacht haben, liegt eine gewisse Chance für einen Neubau Ihrer Ehe. Vielleicht liegt ein Unterschied Ihrer beider gegenwärtigen Situation darin, daß nach dem Verlust echter mitmenschlicher Kontakte der eine an Kontaktsucht leidet und der andere an einer unerfüllten Kontaktsehnsucht. Sie haben beide erfahren, daß „Liebe" ohne Liebe ins Leere führt und an den Rand der Verzweiflung. Wenn Sie nichts dagegen unternehmen, werden Sie eines Tages vor der leeren Bühne der eigenen Existenz stehen.

Nur ein schlechter Ratgeber würde Ihnen den aussichtslosen Versuch zumuten, Ihre natürlichen Triebe zu verleugnen. Eher könnten Sie Ihr Gewissen zum Schweigen bringen als Ihre Geschlechtlichkeit ablegen. Aber der Mensch ist nun einmal so angelegt, daß er bekennen muß: „Meine Triebe — das bin ich selbst!" Und Sie haben beide erfahren, daß das Sinnliche und das Sittliche nicht automatisch übereinstimmen. Vielmehr ist es unsere Lebensaufgabe, alle natürlichen Bedürfnisse zu vermenschlichen. Alle unsere sittlichen Kräfte dafür zu mobilisieren und zu trainieren, ist es nie zu spät, aber auch nie zu früh.

Trotz aller Enttäuschungen über Ihren Mann und über sich selbst, trotz der schmerzenden seelischen Wunden sollten Sie, Frau Sch., die Hoffnung auf eine mögliche Heilung Ihrer Ehe jetzt nicht begraben. Sie brauchen — beide — endlich festen Boden unter den Füßen. Die Voraussetzungen dafür können nur Sie beiden schaffen. Sie müssen — beide — die Frage beantworten: Wer bin ich wirklich? Und wer ist mein Ehepartner wirklich? Und wenn Sie diese Antwort gefunden haben, werden Sie wissen, was zu tun ist. Sie werden den Maßstab für Ihr Denken und Handeln entdecken. Er liegt in dem, was ein großer Theologe so formuliert hat: „Gott will nicht, daß Du etwas tust, was gegen Dein Wesen geht".

Eheliche Liebe gründet — heute mehr denn je — in einem Höchstmaß an Freiheit und Verstehen. Und diese Freiheit ist das absolute Gegenteil von jener hemmungslosen und verantwortungslosen Gier, die sich selbst genießen will. Freiheit als Bindung aus eigener Entscheidung. Nur so können Sie einander die notwendige Entwicklungshilfe leisten und Ihren Kindern helfen, leidens- und liebesfähige Menschen zu werden.

Sie, Herr Sch., fragen im letzten Satz Ihres Briefes: „Kann ich mir denn nicht eine Niere herausnehmen lassen?" Die Frage nach der konkreten Möglichkeit ist ein medizinisches Problem. Sie wird sich gewiß nicht mit einem runden Ja oder Nein beantworten lassen. Doch nehmen Sie einmal an, diese Frage wäre aus dem Bereich der bloß gedanklichen Erwägung enthoben und für Sie zum Ernstfall geworden. Wie würden Sie sich dann entscheiden? Die Antwort sollten Sie sich selbst in der Einsamkeit vor Gott geben. Sie wird der Prüfstein für die Qualität Ihrer Liebe sein.

▪

Jeder weiß, daß schon die Ehe zu zweit — und zwar nicht bloß die abgeschliffene und geschädigte, sondern die mit Liebe! — ihre Probleme hat. Auch zwei Liebende wollen, denken, fürchten und hoffen nicht zu jeder Zeit das gleiche. Um die Pleite bei einer Mehrfachehe vorauszusehen, genügt es, das kleine Einmaleins zu beherrschen. Gruppensex, Ehe zu dritt und zu viert — wer daran nicht die Sünde gegen die Liebe erkennen kann, könnte doch immer noch die Dummheit dieser „Erfindungen" einsehen.

Adolf Sommerauer

Angelika glaubt nur an sich selbst

In der Abgeschiedenheit der Heilanstalt blicke ich von dem Scherbenhaufen meiner zerbrochenen Ehe zurück und frage mich: Warum und wozu mußte das alles so kommen? Dabei wird mir die Frage nach Gott immer wichtiger.

Nach den Erziehungsgrundsätzen meiner Eltern mußte ich Sonntag für Sonntag zur Kirche. Sie selbst dachten gar nicht daran. Nicht, daß ich dadurch ein Atheist geworden wäre. Ich glaube an Gott, dem wir alles zuschreiben, was uns die Wissenschaft nicht erklären kann. Aber durch den aufgezwungenen Gottesdienstbesuch ist in mir schon früh eine Aversion gegen die Kirche entstanden und gegen alles, was damit zu tun hat. Mit achtzehn, also vor sieben Jahren, erhielten meine Zweifel an Gott starken Auftrieb durch einen Aufenthalt in der DDR. Seither plagte ich mich mit Glaubensskrupeln herum, in denen mich vor allem meine Frau bestärkte. Vor ungefähr acht Monaten bin ich schließlich aus der katholischen Kirche ausgetreten.

Ich weiß nicht, was mit mir los ist; aber seitdem habe ich ein schlechtes Gewissen. Meine Frau, die mit ihren neunzehn Jahren sehr von sich überzeugt ist, würde dafür kein Verständnis aufbringen. Angelika glaubt nicht an Gott. Sie glaubt nur an sich selbst. Sie beruft sich auf Karl Marx und behauptet, Religion sei „Opium für's Volk". Dem Taufschein nach ist sie evangelisch. Aus der Kirche will sie nicht austreten. Sie will Sozialarbeiterin werden und befürchtet, dieser Schritt könnte ihr berufliche Nachteile einbringen. Mit ihrer Einstellung ist Angelika stets besser gefahren als ich mit der meinen.

Viele Gedanken mache Ich mir darüber, daß Peter mit fast zwei Jahren noch nicht getauft ist. Ich will, daß er christlich erzogen wird.

Denken Sie bitte nicht, ich sei über Nacht streng katholisch geworden und hielte mich für einen guten Christen. Ich will mir aber nichts vormachen: Meinen Kirchenaustritt habe ich bitter bereut. Inzwischen glaube ich, zu Gott zurückgefunden zu haben. Ich möchte wieder in die Kirche eintreten. Nur nicht, solange ich noch in der Entziehungskur stecke. Ich will sicher sein, daß mein Glaube nicht einer vorübergehenden Anwandlung entspringt. In der Anstalt ist man nämlich gegen alle Versuchungen von draußen hermetisch abgeschirmt. Vielleicht sehe ich hier manches nicht objektiv genug. Ich muß mich erst gründlich prüfen.

Hier auf der Rauschgiftstation lebe ich mit Gleichaltrigen zusammen. Außer mir tragen alle langes Haar und vertreten sehr radikale Ideen. In Bezug auf Musik, Kleidung und Lebensstil haben sie einen andern Geschmack als ich. Ich hätte draußen bestimmt nie Kontakt zu ihnen bekommen, weil ich so „bürgerlich" wirke. Hier in der Anstalt komme ich blendend mit ihnen aus. Sie haben mir schon nach drei Wochen ihr Vertrauen ausgedrückt und mich zum Gruppensprecher gewählt. Ihre persönlichsten Fragen besprechen sie ganz offen mit mir. Soviel Vertrauen ist mir noch nie entgegengebracht worden. Das beschämt mich und stärkt doch mein Selbstbewußtsein. Ich fühle mich viel ausgeglichener als früher.

Wie ist es bloß möglich, daß mich diese Erlebnisse so verändert haben?

ANTWORT:

Der Scherbenhaufen Ihrer zerbrochenen Ehe hat Sie mit der Frage nach dem Warum und nach dem Wozu Ihres Daseins konfrontiert. An Ihrer Antwort wird es sich entscheiden, ob Sie Ihr Leben nunmehr verstehend ergreifen, oder ob Sie es verfehlen werden. Sie haben die Abgeschiedenheit der Heilanstalt sinnvoll genutzt: Sie haben Bilanz gezogen. Daß Ihnen dabei die Frage nach dem Glauben so dringlich und so wesentlich geworden ist, spricht für die Gründlichkeit Ihres Nachdenkens.

Zweifel an Gott und Aversion gegen die Kirche sind gewiß zweierlei. Glauben heißt ja nicht: Die Summe der kirchlichen Dogmen für wahr halten. Glauben ist mehr, nämlich sich Gott anvertrauen. Nicht weil man dabei „besser fährt", sondern weil man sich, auch gegen allen Augenschein, darauf verläßt: DU bist bei mir! Gerade dort, wo ich am Ende bin, bist Du gegenwärtig, mein Gott. Gerade dort, wo mir alles so entsetzlich absurd, wo mir mein Leben als ein einziges Versagen erscheint. Vieles in Ihrem Brief spricht dafür, daß Sie anfangen, das zu begreifen.

Sie haben Ihre Aversion gegen die Kirche revidiert. Sie ahnen, daß Kirche mehr ist als das, woran — gewiß nicht ohne Grund — so viele Anstoß nehmen. Die Kirche ist die Gemeinschaft der Glaubenden. Sie stellt uns in den großen Zusammenhang mit den Generationen, die vor uns mit Christus gelebt haben und mit denen, die sich nach uns bemühen werden, mit den göttlichen Geboten und Verheißungen zu leben.

Aber glauben Sie wirklich an einen Gott, „dem wir alles zuschreiben, was uns die Wissenschaft — noch? — nicht erklären kann"? Der Glaube hat es weder nur mit dem „Jenseits" zu tun, noch mit einem bislang unerklärbaren Rest der Weltwirklichkeit. Gott mit begrenzter Zuständigkeit...? Ist das nicht sinnlos in sich selbst? Gott als Lückenbüßer? Als Denkprothese? Was für ein blutarmer, ohnmächtiger, schwindsüchtiger Gott!

Zweifellos gibt es heute viele Christen, die zwar rein theoretisch wissen und „bekennen": „Von ihm und durch ihn und zu ihm sind alle Dinge". Tatsächlich aber halten sie die moderne Wissenschaft für das einzig Verläßliche und Reale.

Vor 200 Jahren konnte man noch überzeugt sein, „bewiesen" zu haben, daß es keinen Gott gibt. Wer das heute noch vertritt, ist hoffnungslos rückständig, so fortschrittlich er sich vorkommen mag. Alle ernst zu nehmenden Wissenschaftler wissen längst, daß die Existenz Gottes weder bewiesen noch widerlegt werden kann. Doch nur einem oberflächlichen Fortschrittsoptimismus entgeht es, daß die entscheidenden Zukunftsfragen und Menschheitsprobleme, vor denen die moderne Naturwissenschaft steht, letztlich alle in die Gottesfrage münden.

Was sich heute so vollmundig Atheismus nennt, ist bei vielen bloß eine Modeerscheinung, eine Marotte des Zeitgeistes. Unglaube gilt weithin als Ausweis besonderer Intelligenz. Wer etwas auf sich hält bekennt sich zu dem Dogma: „Gott ist tot!"

Es scheint tatsächlich vieles dafür zu sprechen, daß diese Salon-Atheisten recht haben. Gott tut ja doch nichts, um auch nur einen einzigen Menschen zur Anerkennung seiner Autorität zu zwingen. Und die ihn für „tot" erklären, fahren erstaunlich gut dabei.

Wird damit also die Nicht-Existenz Gottes bestätigt? Oder könnte dieses Schweigen vielleicht einen tieferen Grund haben? Sollte sich etwa darin zeigen, wer der Mensch ist: Das einzige Wesen, dem die Freiheit verliehen ist, sich für oder gegen den zu entscheiden, bei dem Ursprung und Ziel unseres Lebens liegen?

Nur echt muß die Entscheidung sein! Bestünde das

Heer der Unkirchlichen aus lauter entschiedenen Atheisten, so würde das der Kirche besser bekommen als das Nebelmeer der Gleichgültigkeit, die tief in die Reihen der Christen eindringt. Wer aber den wirklichen Gott verliert, verliert auch den Blick für das wirkliche Leben und die Kraft zu lieben. Menschen, die der Begegnung mit Gott entwöhnt sind, sind zwangsläufig darauf angewiesen, sich selbst zu überschätzen, um vor sich selbst und vor der Mitwelt bestehen zu können.

Zwischen Glauben und Unglauben gibt es so etwas wie eine Zone der religiösen Scham. Wer sich in seinem Verhältnis zu Gott von Menschen, denen der Glaube fremd ist, beobachtet fühlt, ist versucht, sich zu schämen. Manche Leute können diese Scham sogar im Gottesdienst nicht überwinden. Sie haben Hemmungen, in einen Choral einzustimmen oder das „Vater unser" mitzusprechen. So geht es insbesondere denen, die nach längerer Entfremdung die ersten Schritte zur Kirche tun. Sie fürchten, als Heuchler verdächtigt zu werden.

Haben Sie vielleicht im Verhältnis zu Ihrer Frau ähnliche Gefühle gehabt? Heute spüren Sie: Die Kirche braucht, mehr denn je, mündige Christen. Noch fühlen Sie sich nicht geborgen und beheimatet in Ihrer Kirche. Aber der Unterschied zu Ihrer Frau liegt darin, daß Sie darüber beunruhigt sind, während Angelika feindselige Gefühle hegt gegen alles, was mit dem Glauben zusammenhängt. Und doch tritt sie — aus Berechnung, wie Sie sagen — nicht aus ihrer Kirche aus, die sie haßt.

Lassen Sie sich nicht versuchen, deswegen über Ihre Frau zu richten. Es ist kein Verdienst, keine Leistung, wenn wir glauben. Weder der Glaube noch der Unglaube sind das Resultat des Denkens. Beide entstehen, wenn der Mensch sich der Wirklichkeit Gottes aussetzt oder sich verschließt. Und so wenig der Glaube durch unsere Anstrengungen zustande kommt, so wenig kann er dadurch ruiniert werden. Leben wir denn nicht alle — auch wenn wir Christen sein wollen — in der Spannung zwischen Gottesnähe und Gottesferne? Darum sollte Sie die Unruhe, von der Sie schreiben, nicht befremden.

Versuchen Sie nicht, die Unruhe zu überspielen, die Ihnen Ihr Gewissen bereitet. Es wäre schlecht, wenn Sie selbst den Werde- und Wandlungsprozeß hindern wollten, in dem Sie sich befinden. Die Gottesfrage, vor der Sie jetzt so unausweichlich stehen, macht ja den Kern unseres Menschseins aus. Sie tun gut daran, in bezug auf die Krisenfestigkeit Ihres Glaubens kritisch zu sein. Vergessen Sie aber nicht, daß man sich zum Glauben ebenso wenig zwingen kann wie zum Lieben. Der, um den unsere gläubigen und unsere zweifelnden Gedanken kreisen, ist immer der, den wir suchen, nicht der, den wir „haben", über den wir verfügen könnten. Auch, wenn wir seiner Gegenwart gewiß sind, bleibt Gott doch der Unfaßbare, Unverfügbare.

Sie haben an sich selbst erfahren, daß niemand einsamer sein kann als ein ungläubig gewordener Gläubiger. Und nun machen Sie die beglückende Erfahrung, daß sich auch unsere mitmenschlichen Beziehungen erneuern, wenn unser Verhältnis zu Gott neu wird. Die Lage wird in der Tiefe verändert. Sie spüren: Ich kann wieder leben! Mein Leben ist wieder lebenswert! Ich kann — ohne die Augen zu schließen, ohne zu verdrängen — meinem Elend standhalten. Sie haben das Gefühl, ein andere, ein neuer Mensch geworden zu sein. Sie bewegen sich in der Gemeinschaft mit denen, die Ihnen ‚von Natur' fern-stehen, ohne Zwang, ohne moralische Stelzen.

Die „Unterprivilegierten" haben Sie zu ihrem Wortführer und Vertrauensmann gemacht. Das kann für Ihre persönliche Entwicklung nur gut sein. Je mehr Sie die Fragen und Probleme anderer zu den eigenen machen, um so freier werden Sie von sich selbst. In dem Maße, wie Sie sich für andere engagieren, werden sie innerlich stärker. Sie erfahren, was Christus verheißt: Wer sein Leben hingibt, der wird es empfangen. Sie erfahren: Glauben heißt, sich gefordert und doch sich geborgen wissen. Denn der Glaube reicht an die Wurzel unseres Menschseins. Und dadurch unterscheidet er sich von den abstrakten Ideen der sogenannten „Radikalen", die die menschliche Gesellschaft verändern wollen.

„Warum und wozu mußte das alles so kommen?", fragen Sie. Die Antwort steht bereits in Ihrem Brief: Damit Ihnen die Frage nach Gott immer dringlicher und wichtiger würde.

▪

Wo immer zwei Menschen bereit sind, einander ganz anzunehmen, da ist Gott am Werk, ganz gleich, ob diese Menschen das nun wissen oder nicht, ob sie Christen sind oder nicht. Denn wo immer hingebende und annehmende Liebe geschieht, da lebt Gott. Denn Gott ist der Name für die welterschaffende, heilende und versöhnende Liebe selbst. Jesus der Christus ist der Mensch, der es bis ins Sterben hinein dargelebt hat, daß wir angenommen sind und deshalb die Kraft haben können, andere Menschen anzunehmen. Und wo diese Kraft wirksam ist, da ist Christi Geist wirksam.

Rainer Röhricht

Von diesem Segen habe ich nichts verspürt

Ich bin Invalide. Meine Frau, zehn Jahre jünger als ich, arbeitet in der Krankenpflege. Um es gleich zu sagen: Ich appelliere nicht an Ihr christliches Mitleid. Sie würden sich auch schwerlich in meine Lage versetzen können. Was das heißt, von Geburt an und fünfzig Jahre hindurch gelähmt zu sein, kann nur ermessen, wer es am eigenen Leibe erlebt.

Ich frage mich, wo denn in meinem Leben der zu entdecken ist, den die Gläubigen, von dröhnenden Orgelakkorden begleitet, verherrlichen: „... der dir von Mutterleib und Kindesbeinen an unzählig viel zugut getan". Von diesem Guten habe ich jedenfalls in meinem Leben nichts verspürt — von diesem „Segen", wie das ja wohl in Ihrem Sprachgebrauch heißt.

Der Gott der Christen — würde er wirklich existieren — wäre doch ein recht launischer Herr, der ziemlich willkürlich Lohn und Strafe austeilt. Oder er wäre ein tückischer Dämon.

Um diese ärgerlichen, den Glauben widerlegenden Gedanken zu neutralisieren, hat die Kirche ihre Theorie des Himmels entwickelt. Und um den gesunden Menschenverstand gründlich zu vernebeln, haben ihre Theologen die widersinnige Lehre von der „Erb-Sünde" konstruiert, die den Menschen moralisch deklassiert. Durch diese Falschmünzerei werden unter der Hand offenkundige, unwiderlegliche Fakten umgedeutet und entschärft.

Ich kann mir nicht helfen, aber in der Wirklichkeit, so wie ich sie erlebe, gibt es weder diesen Menschen, der „von Natur böse" ist, noch den väterlichen „lieben" Gott. Ich vertraue auf das Gute im Menschen, das sich selbst belohnt: Durch eigenes Glück, das fremdes Glück notwendig miteinschließt und mitbewirkt. „Böse" oder schlecht wird ein Mensch doch nur, wo ihn die Verhältnisse und die Gesellschaft dazu zwingen.

Wie man darüber bei Ihnen denkt, insbesondere was Sie unter Liebe verstehen, das kann man in Ihrem Gemeindeblatt lesen. Sie schreiben: „Neues Leben ist nur durch Vergebung möglich". Und ich behaupte das Gegenteil: Vergeben löst keine Konflikte. Es verhindert vielmehr, daß Konflikte geklärt und gelöst werden. Die ganze „Hochherzigkeit" der Vergebenden ist — bei Licht gesehen — nichts als Arroganz und Berechnung.

Das Gerede, es gebe keine wirkliche Liebe ohne Verzicht, Selbstverleugnung und Opferbereitschaft ist mir so unerträglich wie das Symbol, das dieser Lehre entspricht: Das Kreuz, dieses makabre Hinrichtungswerkzeug der römischen Antike. Und dann dieser merkwürdige Widerspruch: „Du sollst ... lieben". Lieben auf Befehl? Kann man etwa Verstehen und Vertrauen befehlen?

Wenn Sie mich fragen, wofür ich lebe, dann gestehe ich Ihnen: Für die Liebe und für das Glück. Das Gefasel von Lohn und Strafe verrückt nur die Maßstäbe. Liebe ist sich selbst ihr eigener Lohn: Gottlose Güte — wenn Sie gestatten.

Wir Atheisten erheben nicht den Anspruch, besser zu sein als andere Leute. Aber die Christen sollten uns auch nicht für schlechter halten.

ANTWORT:

Sie haben recht: Es dürfte schwer sein, sich ganz in Ihre Lage zu versetzen. Der leidende Mensch — gleich, ob es sich um physische oder um seelische Schmerzen handelt — hat nichts davon, wenn er bemitleidet wird. Und wahrscheinlich würden Sie sich das auch — mit gutem Recht — verbitten. „Mitleid" kann auch beleidigen.

Es wäre ein grobes Mißverständnis, wenn man Mitleid für einen Ausdruck der Liebe halten wollte, die Christus von uns erwartet. Lieben ist wesensverschieden und in mehrfacher Hinsicht das genaue Gegenteil von dem auf das eigene Ich bezogene Gefühl des Mitleidens. Wer nichts empfindet als Mitleid, der tut sich im Grunde nur selber leid. Er ist situationsblind für die Notlage des anderen.

Es ist also gar keine Frage: Sie erwarten kein Mitleid; aber Sie haben ein Recht auf Verständnis. Ja, auf Liebe. Und um die geht es doch zuerst und zuletzt in Ihrem Brief. Und es geht nicht weniger um den Gott, zu dem die Christen beten. Es geht um menschlichens Gutsein, das nach christlicher Überzeugung auf den menschenliebenden Gott bezogen ist — wie Frage und Antwort.

Sie haben sich — freilich auf Ihre Art — trotz Ihres schweren körperlichen Leidens zu einer positiven Lebenshaltung durchgerungen. Sie leben, wie Sie versichern, „für die Liebe und für das Glück". Aber Sie wollen nichts geschenkt! Sie wollen gut sein — aber ohne Gott. Gutsein als eine sittliche Leistung, als „gottlose Güte". Sie wollen Ihr Schicksal selbst gestalten und meistern. Und dabei wollen Sie unbehelligt bleiben von den Forderungen einer höchsten Instanz, der sich der Glaube verantwortlich weiß.

Angesichts „unwiderleglicher und offenkundiger Fakten" bezeichnen Sie es als wirklichkeitsfremd, ja, als absurd, wenn der leidende und kämpfende Mensch sich für sündig hält. Sie sind überzeugt: Die so denken und leben — und das sind gewiß nicht wenige — werden von Scharlatanen genasführt und um das Glück ihres Lebens betrogen. Sind Sie so sicher, daß Sie damit recht haben? — Freilich, Soziologen und Milieutheoretiker behaupten heute: Der einzelne ist das schuldlose Opfer der Gesellschaft. Und im übrigen hängt alles von der — rein zufälligen — Mischung der Erbanlagen, von den Genen ab. Niemand hat sich seine Eltern selbst aussuchen können. Daraus folgt, summa summarum: Der Mensch ist ein Produkt aus Vererbung und Umwelt. Wenn es Gott gäbe — aber er existiert ja gar nicht, konstatieren Sie — dann träfe ihn die Schuld an dieser Fehlkonstruktion seines Geschöpfes Mensch.

Die Kirche — übrigens schon das Neue Testament — spricht von der „Erb-Sünde". Sie haben recht: Logisch betrachtet ist dieses Wort ein Widerspruch in sich selbst. Tatsächlich geht es hier aber gar nicht um eine Frage auf der Ebene des logischen Denkens. Es geht um ein Thema des Glaubens. „Erb-Sünde" meint das Verhältnis — richtiger: das Mißverhältnis — der menschlichen Person zu dem liebenden Gott. „Erb-Sünde" will sagen: Zwei — logisch nicht zu vereinbarende — Tatbestände lassen sich nicht auseinanderdividieren: 1.) Kein Mensch kann sich selbst davonlaufen. Wir werden uns selbst niemals los. Unaustauschbar und unverwechselbar bin ich der, der ich nun einmal bin. 2.) Jeder Mensch ist dennoch persönlich verantwortlich für sein Leben. Um es konkret zu sagen: Sie sind ein Mann, eine offenbar sehr temperamentvolle, aktive Natur. Das gehört zu Ihrer Wesensart, die Sie sich nicht selbst gegeben haben. Sie können nicht „aus Ihrer Haut herausschlüpfen". Dies ist nun die scheinbar paradoxe Wahrheit: Sie sind, wie jeder andere Mensch, verantwortlich — auch und gerade für dieses durch Ihre einmalige und einzigartige Wesensart vorprogrammierte Leben — verantwortlich in Gedanken, Worten und Taten. Sie glauben fest an das Gute im Menschen. Lassen Sie sich sagen: Könnten wir gegenseitig unsere Gedanken lesen, dann wäre es in der Welt nicht mehr auszuhalten. Niemand würde dann noch die Wahrheit zu leugnen wagen, die mit dem Wort „Erb-Sünde" gemeint ist.

Sie haben einen provozierenden Brief geschrieben. Sie dürften Verständnis dafür haben, daß die Antwort einige unbequeme Fragen an Sie enthält. Warum setzen Sie sich eigentlich mit dem Problem Schuld und Vergebung auseinander? Es hat Sie doch niemand angeklagt; aber Sie verteidigen sich leidenschaftlich. Irgendwie klingt zwischen Ihren Zeilen ein verletzender, ein ironischer und rechthaberischer Ton hindurch. Warum begründen Sie eigentlich Ihre Position mit immer neuen Argumenten? Sie mögen die Frage grotesk und befremdlich finden: Stehen Sie etwa in einem untergründigen Zwiegespräch mit Gott? Mit dem Gott, dessen Existenz Sie so entschieden bestreiten? Möchten Sie nicht allzu gern diesem Gott bittere Vorwürfe machen wegen Ihres schweren Schicksals? Die Antwort sollten Sie sich selbst geben. Sie kann zwischen uns geheim bleiben.

Und lassen Sie sich weiter fragen: Wofür wollen Sie eigentlich in sittlicher Hinsicht etwas leisten? Weshalb mobilisieren Sie Ihre seelischen Kraftreserven? Wofür

wollen Sie gut sein? Sie bejahen das Leben. Sie streben danach, glücklich zu sein. Doch bloß nicht gratis und geschenkt! Nein, Sie wollen sich alles verdienen — durch Gutsein. Oder nicht? —
Woher wissen Sie, was Glück ist? Oder richtiger: Was nennen Sie Glücklichsein? Haben Sie etwa immer nur das Glück erfahren, was der Lohn war für die Güte Ihres Herzens, die Sie auch bei anderen Menschen als eine Naturanlage voraussetzen? Sie behaupten: Wenn ich selbst glücklich bin, dann werden auch die anderen, mit denen ich lebe, glücklich sein. Wenn Sie davon überzeugt sind, ist es dann unfair, Ihnen die Worte in den Mund zu legen: „Meine Frau ist glücklich verheiratet"? Eigentlich müssen Sie sich, trotz Ihres schweren Leidens, beneidenswert vorkommen; denn Sie haben aus eigener Kraft Ihr Leiden entmachtet. Das ist Ihre Überzeugung. Davon leben Sie.
Was meinen denn die Christen, wenn Sie vom Glück des Lebens sprechen? Sie meinen etwas Unsentimentales. Sie sind überzeugt, daß das Glück aus dem Ja zum eigenen Schicksal kommt und aus dem Annehmen des Nächsten — auch des Andersdenkenden — vorausgesetzt, ich nehme ihn so, wie er wirklich ist. Liebe will glücklich machen und kann es auch. Aber Glauben Sie wirklich, daß man das kann: Zu jedem Menschen in jeder Situation gut sein — aus sich selbst heraus, aus der Kraft des guten Herzens? Haben Sie sich noch nie bei Vorurteilen ertappt?

Wenn Sie das bestreiten, dann stehen Sie in dem dringenden Verdacht, daß Sie sich selbst und anderen etwas vormachen.

Nehmen wir einmal an, Ihre Frau, die Sie lieben, hätte sich nach der Heirat als eine Xanthippe entpuppt. Würden Sie sich dann auch glücklich schätzen? Würden Sie dann auch sagen: Das Gute — oder der Gute — belohnt sich selbst und ist glücklich?

Gerade hier, wo es um die zwischenmenschlichen Abnutzungserscheinungen und um unsere inneren Konflikte geht, leben wir von der Vergebung. Vergeben kann ich aber nur, wenn ich den anderen so sein lasse, wie er wirklich ist. Das ist das Ihnen so unerträgliche Opfer, zu dem ein Mensch bereit ist, wenn er liebt. Ich muß darauf verzichten — und zwar aus freiem Entschluß und um der Freiheit des anderen willen — daß ich mir von meinem Nächsten ein Bildnis oder Gleichnis mache. Oder daß ich ihn gar nach meinem Bilde zu formen, ihn umzukrämpeln versuche.

Sie verfälschen einfach die Wirklichkeit, wenn Sie so geringschätzig von der Berechnung und von der Arroganz derer sprechen, die Vergebung üben. Vergebung erlöst nicht von der Wirklichkeit, sondern zur Wirklichkeit.

Sie haben deutlich gesagt, wie Sie sich die Christen vorstellen. Und wie steht es mit der Selbsteinschätzung derer, die an Christus hängen?

Der große Blaise Pascal hat in einem treffenden Wort ausgedrückt, daß der Glaube eine beachtliche Zumutung ist: „Er verlangt vom Menschen die Anerkenntnis, daß er niedrig, ja, abscheulich ist. Und er verlangt von ihm den Willen, Gott ähnlich zu sein. Ohne dieses Gegengewicht würde ihn diese Erhebung entsetzlich eitel und diese Erniedrigung entsetzlich verächtlich machen."

Und was sollten die Christen von den Nicht-Christen halten? Sie sollten dies bedenken: Wer nach dem fragt, was sittlich gut ist, der fragt — bewußt oder unbewußt — nach Gott.

▪

Der Gott der Christen ist nicht im Himmel eingeschlossen,
sondern da, wo ein schwacher und unzulänglicher
Mensch die Kraft gewinnt, einem anderen das Leben zu
ermöglichen.
Wo ein Mensch dem anderen bergende, unwiderlegliche
Zuversicht schenkt, und wo er den Willen in ihm erweckt,
nun auch für andere ein Licht der Zuversicht zu sein, da ist der
Gott der Christen.

Rainer Röhricht

Es wird klar, daß die Zukunft davon abhängt, an welches Bild des Menschen der einzelne zu glauben gewillt ist — ‚glauben' im strengen Sinne von: für die eigene Existenz verbindlich anerkennen. „Ebenbild Gottes" oder „nackter Affe" sind zwei Möglichkeiten solchen Glaubens, jede mit tiefen Konsequenzen bis in die moralischen Alltagsentscheidungen hinein. Konsumverzicht, Askese, Bemühung um Individualitätsgewinn und Behauptung in der drohenden Uniformierung von Handeln und Denken sind Ansätze zu einer Selbstgestaltung der menschlichen Gegenwart, die allein eine menschliche Zukunft möglich macht.

Joachim Illies

VII. HEREINNAHMEN

Wenn man ein Kind adoptiert

Was ist Adoption?

Mit der Annahme an Kindes Statt wird ein dem Eltern-Kind-verhältnis entsprechendes Familienband geknüpft. Diese durch den Adoptionsakt rechtlich begründete Beziehung meint die liebende Verbundenheit zwischen den Wahleltern und ihrem Wahlkind. Verwaiste oder verlassene Kinder können so eine neue Heimat bekommen und Eheleute, denen eigene Kinder versagt sind, haben damit die Möglichkeit, elterliche Verantwortung zu verwirklichen und die Chance, Elternglück zu erleben. Statt des vergeblich ersehnten eigenen Kindes suchen und finden sie ein Kind fremder Eltern, das sich danach sehnt, liebend angenommen zu werden.

Das dem Lateinischen entlehnte Wort „Adoption" bedeutet „Hinzu-erwählen". Der Adoptions- oder Kindesannahme-Vertrag gibt dem Wahlkind die uneingeschränkte rechtliche Stellung eines ehelichen Kindes. Bei dieser Rechtseinrichtung geht es vorrangig um das Wohl des Kindes. Nur wenn dieser eigentliche Sinn der Adoption erfüllt wird, ist der andere Grundgedanke dieser Institution legitim: ungewollt kinderlosen Eheleuten die Fortsetzung ihrer Familie zu ermöglichen. Die Kindesannahme ist beiderseitig von schicksalhafter Bedeutung: für das angenommene Kind und gleichermaßen für die Annehmenden.

Wie die natürliche Familie für die Gesellschaft grundlegende Bedeutung hat, so ist auch dieses bürgerlichrechtlich begründete Eltern-Kindschaftsverhältnis von großem öffentlichen Interesse.

Wer kann adoptieren?

Einer der Kardinalpunkte ist bei alledem die Erziehungsreife der Adoptierenden, denen durch das Vormundschaftsgericht die volle elterliche Gewalt und die uneingeschränkte Verantwortung für das Kind übertragen wird. Die leiblichen Eltern verlieren das Recht auf den persönlichen Verkehr mit dem Kinde. Es ist anzustreben, daß Ehepaare — und nur in Ausnahmefällen Einzelpersonen — ein Kind adoptieren. Die Heimkinder, um die es sich ja in der Mehrzahl der Fälle handelt, liefern immer wieder den überzeugenden Beweis dafür, daß die mütterliche Zuwendung unersetzlich ist. Spätestens von der Einschulung an braucht das Kind ein väterliches Leitbild und darüberhinaus das Beziehungsgefüge der Familie. Erst nach einer ausreichenden Anpassungszeit, in der sich das neue Eltern-Kind-Verhältnis bildet (in der Regel etwa ein Jahr), wird der Annahmevertrag abgeschlossen. Das Adoptivgesetz sieht auch die Möglichkeit vor, daß ein Kind durch seine uneheliche Mutter, durch nahe Verwandte, durch seine Stief- oder durch seine Pflegeeltern angenommen wird. Immer sind Lebenstüchtigkeit und Erziehungsfähigkeit, die ehelichen Verhältnisse und die soziale Lage der Annehmenden gewissenhaft zu prüfen. Besondere Sorgfalt ist geboten, wenn fremde Staatsangehörige ein Kind adoptieren.

Warum werden Kinder adoptiert?

Die Frage nach der Eignung der Adoptiveltern schließt die Frage nach ihren Beweggründen ein. Einen Menschen lieben bedeutet ja doch, sich um ihn bemühen. Denken die Adoptierenden zuerst an das Kind und an sein Wohl? Oder möchten sie mit dem Kinde eigentlich nur sich selber helfen, ihre Einsamkeit überwinden und das Los ihrer Kinderlosigkeit aufheben?

Gewiß ist die Adoption nicht nur für das Kind von schicksalhafter Bedeutung. Sie bestimmt auch weithin das künftige Leben der Adoptiveltern. Es wäre aber ebenso töricht wie verantwortungslos, das Adoptivkind als Mittel zur Rettung einer gefährdeten, scheidungskritischen Ehe einsetzen zu wollen. So wahr es ist, daß gemeinsame elterliche Liebe in eheliche Gattenliebe transformiert werden kann, so irrig ist die Vorstellung, ein Kind könnte eine kranke Ehe liebesunfähiger Gatten heilen.

In einer unausgeglichenen Ehe ist die Entwicklung des Kindes aufs schwerste gefährdet, wenn das Leben der Eltern nur Unbeherrschtheit und Labilität zeigt, und wenn eine Atmosphäre der Unbeständigkeit und der Angst das Kind die Geborgenheit in der sich gleichbleibenden elterlichen Liebe vermissen läßt. Die Elternehe ist ja das Modell der Mitmenschlichkeit und die Grundschule zum Erlernen und Einüben staatsbürgerlichen Verhaltens. Neben psychologischen Gründen können auch materielle Motive eine Rolle spielen, etwa der Gedanke, daß sich durch die Adoption eine günstigere Steuerklasse ergibt, oder daß der Kindes-Annahme-Vertrag dem Zwecke dienen soll, Erbschaftsteuer einzusparen. Auch der Wunsch nach einer größeren Wohnung kann ausschlaggebend sein.

„Wisse, was du tust. Deine Sünden sind dir aber nicht vergeben, wenn du es nicht weißt". Dieses mahnende Wort Christi gilt auch den unehelichen Müttern, die den Gedanken erwägen, für immer auf ihr Kind zu verzichten. Es gilt aber mit gleichem Ernst für alle, die ein fremdes Kind wie ein eigenes annehmen wollen.

Weil der eine Schritt so schicksalhaft bedeutsam ist wie der andere, lassen Sie mich das Wesen und den Sinn der Adoption an einem Geschehen verdeutlichen, das in unseren Tagen als brandheißes Problem diskutiert wird. Ich meine die Verpflanzung menschlicher Organe. Abgesehen von dem Ausnahmefall, daß nahe Verwandte an die Stelle der Eltern treten, bedeutet die Adoption doch, daß das unmündige Kind aus seinem blutsmäßigen Ursprung in einen fremden Organismus verpflanzt wird. Es wird aus seiner Verwandtschaft, in der die Voraussetzungen für sein Gedeihen nicht oder nicht mehr gegeben sind, in eine blutsfremde Familie verpflanzt, die diese Voraussetzungen bietet.

Hier wie dort, bei dem medizinischen Wagnis wie bei

dem der Einpflanzung des Kindes in den neuen Familienorganismus, wird ein Risiko eingegangen. Hier wie dort hängt alles davon ab, daß das fremde „Fleisch und Blut“ das eingepflanzte Organ „annimmt“ und integriert. Hier wie dort handelt es sich in der Regel um eine „Inkognito-Adoption“, bei der der Empfangende dem Spender des „neuen Organs“ unbekannt bleibt. Die uneheliche Mutter erfährt nicht, zu wem ihr Kind kommt.

Wie bei einer Organtransplantation bedarf es auch bei diesem risikoreichen Unternehmen des verantwortungsbewußten Zusammenwirkens aller Beteiligten, hier des Operationsteams, dort der fürsorgerischen Fachkräfte, der abgebenden Mutter und der annehmenden Eheleute.

Erfahrungsgemäß gelingt die Adoption um so besser, je jünger das Kind ist. Es ist zu bedenken, daß es nicht erst durch ein asoziales Milieu infiziert werden darf. In unserem Bilde gesprochen: Das zu transplantierende Organ darf nicht schon einen Negativfaktor haben, weil es sonst von dem neuen Organismus „abgestoßen“ wird. Immer wieder erhebt sich die Frage, ob nicht die Kraft des gleichen Blutes — im positiven wie im negativen Sinne — stärker ist als die seelische Kraft, mit der ein Kind „angenommen“ wird.

Das biologische Gleichnis der Organverpflanzung wird aber immer wieder gesprengt, weil der Mensch mehr ist als Fleisch und Blut. So muß das Kind möglichst früh mit der Tatsache seiner Adoption bekanntgemacht werden. Sein später einsetzendes Suchen nach den leiblichen Eltern könnte sonst zu tiefgreifenden Konflikten führen. Damit wird unser Gleichnisbild abermals gesprengt. Bei der „Adoption“, dem „Hinzu-Erwählen“ also, geht es um ein Annehmen mit allen Kräften des Gemütes und des Geistes. Das anzunehmende Kind ist dabei keineswegs Objekt, sondern mitwirkendes, als Person beteiligtes Subjekt. Es ist Partner in dem ganzen Geschehen. Bei den Adoptiveltern kann der Wille zum Annehmen so stark sein, daß sie selbst ein Kind mit körperlichen oder mit geistigen Schwächen und Gebrechen liebend an Kindes Statt annehmen, wobei sie sich der Tragweite eines solchen Entschlusses voll bewußt sind.

Erfahrungen — Tendenzen — Konsequenzen

Die Erfahrung sieht hier allerdings weithin anders aus. „Das kleine Wesen sollte beinahe das Abtitur in der Tasche haben. Kontergankinder haben so gut wie keine Aussicht, jemals adoptiert zu werden", sagt Schwester Adelheid vom Bochumer Ortsverband der Inneren Mission aufgrund jahrzehntelanger Praxis. „Andererseits habe ich aber auch die beglückende Erfahrung gemacht, daß Adoptiveltern ihr Wahlkind noch mehr liebten, nachdem es — völlig unerwartet — epileptische Anfälle bekommen hatte. Doch weiß ich auch dies, daß Kinder zurückgebracht wurden, nachdem sie die Erwartungen der Adoptiveltern enttäuscht hatten. Sie hatten sich eben anders entwickelt, als man es sich erhofft hatte".

Wir erleben heute, wie überkommene Anschauungen und Normen kritisch überprüft und wie alte Formen und Institutionen durch die Kraft neuer Überzeugungen umgestaltet werden. Auch Rechtsvorstellungen und Einrichtungen wie die der Adoption werden von dieser Umpolung des Denkens betroffen. Die Wandlungstendenzen zeigen sich im Blick auf das Adoptionsrecht bereits darin, daß einzelne Bestimmungen geändert worden sind. So ist z. B. das Mindestalter der Adoptierenden von 50 auf 35 Jahre herabgesetzt worden, und das der Adoption vorausgehende Pflegeverhältnis braucht nicht mehr ein Jahr zu dauern.

Entscheidend ist das Adoptionsrecht durch die Reform des Unehelichen-Rechts gewandelt worden, nach dem nunmehr im Sinne des Grundgesetzes (Artikel 6, Abs. 5) „dem unehelichen Kind die gleichen Bedingungen für seine leibliche und seelische Entwicklung und für seine Stellung in der Gesellschaft" geschaffen werden wie dem ehelichen. Zwar können Gesetze weder die sittliche Gesinnung der Gesellschaft wandeln noch können die Tränen trocknen. Die Reformen können aber eine Humanisierung vorbereiten. So ist der unehelichen Mutter zu ihrem Person-Sorgerecht für das Kind auch die volle gesetzliche Vertretung übertragen worden, während bis dahin das Jugendamt die Vormundschaft unehelich geborener Kinder innehatte.

Die meisten unehelich geborenen Kinder kommen heute in ein Heim, weil die ledige Mutter erst dann Unterhalt erhält, wenn der Kindesvater tatsächlich zahlt. In seinen entscheidenden ersten Lebensjahren ist das Kind somit von der Mutter getrennt. Würde der Staat nach dem Vorbild mehrerer Nachbarländer eine ausreichende Beihilfe für Mutter und Kind zahlen, so könnten beide zusammenbleiben.

Die damit angedeutete Situation zeigt, wie notwendig wir einer Umpolung unseres Denkens auf der ganzen Linie bedürfen. Davon sind wir noch weit entfernt. Immerhin — wir sind unterwegs.

„... und wenn er aus dem Blechnapf frißt"

Michael war erst sechs Tage alt, als meine Frau und ich ihn zu uns holten mit dem Ziel, ihn an Kindes Statt anzunehmen. Seine Eltern, beide Akademiker, leben ohne wirtschaftliche Sorgen. Aber schon vor der Geburt waren sie sich einig, daß sie das Kind nicht wollten. Wir waren sehr glücklich über Michael. Doch nach einem Vierteljahr erfuhren wir, seine Eltern hätten sich dafür entschieden, den Jungen zwecks Volladoption nach den USA abzugeben.

Als das Jugendamt eine solche Vermittlung ablehnte,

reagierten die Eltern mit Wutausbrüchen. Es sei ihnen völlig gleichgültig, wo der Junge aufwachse: „und wenn er in einem Negerkral aus dem Blechnapf frißt". Entscheidend sei für sie der „totale Schnitt", der nur durch eine Volladoption garantiert sei. Daraufhin entzog das Vormundschaftsgericht den Eheleuten die elterliche Gewalt, die aber weiterhin hartnäckig die notarielle Einwilligung zur Adoption an bundesdeutsche Eltern ablehnten.

Nach sechs Jahren haben diese Eltern plötzlich aus unerforschlichen Gründen ihre Liebe zu Michael entdeckt. „Inzwischen haben wir erkannt, daß wir selbst die besten Eltern für unser Kind sind", erklären sie. Obwohl die Einwilligung zur Adoption in erster Instanz durch das Vormundschaftsgericht ersetzt worden ist, ist nun dieses Urteil in zweiter Instanz aufgehoben worden, da „nicht erweisbar" sei, daß die Eltern ihre Einwilligung „böswillig" verweigern. Ein weiteres Kind wurde nicht geboren.

ANTWORT:

Die Gründe für das ungewöhnliche Verhalten dieser Eltern sind nicht mit Sicherheit nachzuweisen. Manches spricht für die Vermutung, daß sie die eigene Unzulänglichkeit auf die Pflegeeltern, also auf Sie und Ihre Frau, projizieren und dabei ein schlechtes Gewissen haben. Im Hintergrund mögen trübe Kindheitserinnerungen stehen, die auf das eigene Kind übertragen werden.

Hier könnte der Ansatz für die brutalen Affektentladungen zu suchen sein. Vielleicht lehnen beide Eltern das Kind innerlich ab. Denkbar ist aber auch, daß einer der beiden in einem absoluten Abhängigkeits- oder gar Hörigkeitsverhältnis zu dem anderen steht. Jedenfalls wollten beide den „totalen Schnitt", um die Verantwortung für ihr Kind in Bausch und Bogen ein für allemal loszuwerden.

Michael war ungewollt. Er kam zu früh. Vielleicht fürchteten beide, der Mann wie die Frau, es könnte aus ihrer ehelichen Gemeinschaft Liebe zu dem Kind hin abfließen. Wer viel mit kinderlosen Ehepaaren umgeht, weiß, daß nicht selten ein Partner in dem anderen sein „Kind" sieht und daß darum beide einander mit rührender Fürsorge verwöhnen. Inzwischen lebt Michael sechs Jahre bei Ihnen. Seine Eltern sehen jetzt eine kinderlose Zukunft vor sich. Sie sind älter und vielleicht auch reifer geworden.

Auch nachdem ihnen die elterliche Gewalt entzogen worden ist, ist Michael ja immer noch ihr eheliches Kind. Eine Adoption hängt nach wie vor von ihrer Zustimmung ab (§ 1747.1 BGB). Da ihre Unnachgiebigkeit nicht als „böswillig" zu erweisen ist, wird in zweiter Instanz durch das Landgericht die Einwilligung des Vormundschaftsgerichtes aufgehoben.

Ihre Erfahrungen weisen auf einen der Punkte hin, in denen das geltende Adoptionsrecht dringend reformbedürftig ist. Das Recht des Kindes auf seine freie menschliche Entfaltung, das in Ihrem Falle nur durch die vollgültige Annahme an Kindes Statt garantiert werden kann, muß in einem angemessenen Verhältnis zu dem Recht der Eltern stehen. Mögen seine Eltern inzwischen menschlich reifer geworden sein, so würde dennoch eine Rückverpflanzung nach sechs Jahren aus der Geborgenheit im Hause seiner Pflegeeltern das Wohl des kleinen Michael aufs äußerste gefährden.

Wird die Mutter eines Tages Andreas zurückverlangen?

Vor einem Vierteljahr haben wir ein Kind aufgenommen, das wir gern adoptieren möchten. Obwohl die Mutter noch zwei weitere uneheliche Kinder hat, die in Heimen untergebracht sind, versagt sie uns bis heute ihre Zustimmung. V o r der Geburt war sie bereit, das Kind freizugeben. Wir durften ihm sogar seinen Namen aussuchen: Andreas. Können Sie sich unsere Enttäuschung vorstellen, als die Mutter n a c h der Geburt das Kind nun doch nicht hergeben wollte? Wir würden das verstehen können, wenn die Mutter sich jemals um den Jungen gekümmert hätte. Er kam aber — wie vor ihm seine beiden Geschwister — in ein Säuglingsheim, wo sie ihn nicht einmal besucht hat.

Als sich die Mutter auf unsere Bitten hin wenigstens bereiterklärte, Andreas in eine Pflegestelle zu geben, haben wir ihn sofort zu uns genommen. Wir freuen uns an ihm. Er wächst und gedeiht. Nur bleibt die Angst vor den unberechenbaren Reaktionen der so labilen Mutter. Wird sie das Kind je zur Adoption freigeben? Wer nimmt uns die Sorge, daß sie eines Tages aus irgendwelchen Motiven Andreas zurückverlangen könnte, der doch schon jetzt ganz zur Familie gehört? In einem uns bekannten Fall ist dies sogar noch nach zwölf Jahren passiert. Wir wissen, welche seelischen Belastungen und Gefahren für ein Kind dadurch entstehen — von den Empfindungen der Pflegeeltern ganz zu schweigen.

Sollte es denn nicht möglich sein — entsprechend dem Zerrüttungsprinzip bei der Ehescheidung — nach einem gewissen Zeitraum solchen Müttern das Sorgerecht abzuerkennen und es den zur Adoption entschiedenen Pflegeeltern zu übertragen?

ANTWORT:

Wenn diese Mutter ihr Kind entgegen ihrer vorherigen Zusage in ein Heim gegeben und es dort nicht einmal mehr besucht hat, dann kann wohl kaum von einer echten menschlichen Beziehung die Rede sein. Würde man ihr darum nun das Sorgerecht entziehen und es Ihnen als den Pflegeeltern übertragen, so wäre damit aber noch nicht der Weg zur Adoption freigegeben. Dazu bleibt nach wie vor die Einwilligung der Mutter erforderlich. Ihre Frage zielt aber doch wohl nicht nur auf das Sorgerecht, sondern auf die Adoption.

Würde man nun das gleichgültige Verhalten einer Mutter gegenüber ihrem Kind über einen bestimmten Zeitraum hinweg zum alleinigen Beweis dafür erklären, daß die Mutter-Kind-Beziehung nicht oder nicht mehr besteht — würde man also aus einer tatsächlichen Vermutung eine ‚gesetzliche Vermutung' machen — dann entfiele für den Richter die Verpflichtung, den jeweiligen Einzelfall zu prüfen. Ein solches Vorgehen entspräche dann der für die Reform der Ehescheidungsgesetzgebung vorgeschlagenen ‚unwiderleglichen Vermutung', daß eine eheliche Gemeinschaft nach einer gewissen zeitlichen Trennung der Partner zerrüttet ist.

Doch wäre nicht auch der Fall denkbar, daß eine Mutter die Adoption ablehnt, weil in ihr allmählich der Entschluß gereift ist, ihr Kind innerlich anzunehmen? Wer wollte bestreiten, daß ein Mensch sich in seiner Grundeinstellung ändern kann?

Sie können es nicht fassen, daß diese Mutter das Ihnen bereits zugesagte Kind nun doch nicht hergeben will. Es dürfte sich aber wohl kaum um eine Laune oder gar um eine Böswilligkeit handeln, vielmehr um einen unbeherrschten, mächtigen Instinkt, um einen Urtrieb: „Das Kind gehört mir, mir ganz allein! Ich habe es geboren, und kein anderer soll es kriegen!"

Dieses Durchbrechen eines elementaren Urtriebes, den man freilich nicht mit mütterlicher Liebe verwechseln sollte, kann für das Kind zu einem gefährlichen Schicksal werden, wenn es solchen unkontrollierten Mächten schutzlos ausgeliefert ist. Unser geltendes Adoptionsrecht reicht hier nicht aus, um das Wohl des Kindes als obersten Grundsatz durchzusetzen.

Was Sie mit der Mutter dieses Kindes erfahren haben, dürfte nicht einmal ein seltener Ausnahmefall sein. Mit Recht erwarten Sie Hilfe von einer Gesetzesreform, durch die das Wohl des Kindes zum entscheidenden Gesichtspunkt gemacht wird.

Diese beiden „Fälle“ zeigen in aller Deutlichkeit, daß bei einer Gesetzesreform nur das Wohl des Kindes, seine körperliche Unversehrtheit und seine ungehinderte menschliche Entwicklung, ausschlaggebend sein dürfen, wenn es um die Einwilligung der Eltern bzw. eines Elternteiles geht. Dieser Maßstab ist anzulegen, wenn das Elternrecht mit dem des Kindes konkurriert.

Es kommt immer wieder vor, daß Eltern, die sich jahrelang nicht um ihr Kind gekümmert haben oder selbst erziehungsunfähig sind, aus nicht ersichtlichen oder aus nicht zu rechtfertigenden Gründen eine *Adoption* ablehnen. Solche Fälle hat der Gesetzgeber mit dem Paragraphen 1747 Abs. 3 des Bürgerlichen Gesetzbuches überhaupt nicht ins Visier bekommen. Wenn hier das Elternrecht dem Recht des Kindes widerspricht, sollte es nur einen verpflichtenden Maßstab geben: das Wohl des Kindes, seine ungehinderte menschliche Entwicklung.

Immer wieder will er sein Kind besuchen

Vor einem Jahr haben wir geheiratet. Meine Frau hat einen Jungen in die Ehe eingebracht, der inzwischen zweieinhalb Jahre alt ist. Der Vater des Kindes läßt uns keine Ruhe, obwohl meine Frau nichts von ihm wissen will. Immer wieder besteht er darauf, seinen Jungen besuchen zu können. Wir haben noch ein gemeinsames Kind von einem Jahr.

Hat der Vater einen Rechtsanspruch, sein Kind zu sehen oder zu besuchen? Würden Sie mir dazu raten, das Kind zu adoptieren?

ANTWORT:

Nur der, „dem die Sorge für die Person des Kindes zusteht, bestimmt, ob und in welchem Umfang dem Vater Gelegenheit gegeben werden soll, mit seinem Kinde persönlich zu verkehren". Und nur, „wenn ein persönlicher Umgang mit dem Vater dem Wohle des Kindes dient, kann das Vormundschaftsgericht entscheiden". Diese Bestimmung des § 1711 BGB beantwortet Ihre erste Frage.

Auch bei der Frage „Adoption oder nicht?" sollten Sie einzig und allein das Wohl des Kindes im Sinn haben. Dieser Gesichtspunkt muß Ihnen wichtiger sein als etwa die Befürchtung, der Kindesvater könnte durch seine Bemühungen um das Kind Ihre Frau beeinflussen oder gar versuchen, sie zurückzugewinnen. Um der menschlichen Belange und um der rechtlichen Stellung des Kindes willen sollten Sie sich baldmöglichst zu einer Adoption entschließen. Handelt es sich ja doch um das eigene Fleisch und Blut Ihrer Frau.

Sie würden ihr damit das demütigende Bewußtsein nehmen, von diesem Manne Alimente entgegenzunehmen. Geriete Ihre Frau in eine wirtschaftliche Notlage, in der sie auf das Geld angewiesen wäre, so würden die Unterhaltsverpflichtungen des außerehelichen Vaters nach dem gegenwärtigen Recht wiederaufleben.

Umgekehrt bleibt aber nach den geltenden gesetzlichen Regelungen auch das Adoptivkind seinen leiblichen Verwandten, mithin auch seinem außerehelichen Vater, unterhaltspflichtig, selbst dann, wenn dieser Mann sich nie um das Kind gekümmert hat.

Es ist sogar vorgekommen, daß das Sozialamt, nachdem der außereheliche Vater von der Sozialfürsorge unterstützt worden ist, erhebliche Regreßforderungen an das Kind gestellt hat.

Die Reformbemühungen zur Neuregelung des Adoptionsrechtes zielen deshalb auf eine Volladoption, durch die Adoptivkinder die gleiche rechtliche

— auch erbrechtliche — Stellung erhalten wie ein eheliches Kind. Nur so wird ein angenommenes Kind vollständig aus der Ursprungsfamilie gelöst und vollends in die Adoptivfamilie eingegliedert.

Die Möglichkeit einer Volladoption gibt es im Bereich der Bundesrepublik noch nicht. Sie sollten sich aber im Blick auf Ihr gemeinsames Kind dazu entschließen, das nichteheliche Geschwisterteil an Kindes Statt anzunehmen. Sie geben damit beiden Kindern eine Chancengleichheit und stabilisieren zugleich die Einheit Ihrer Familie.

▪

Es kommt schließlich nicht darauf an, Kinder zu erzeugen,
das kann man auch außerhalb der Ehe, sondern
Kinder innerlich anzunehmen, sie zu lieben und sie zu
derselben Haltung zu erziehen.

Rainer Röhricht

VIII. AUSSICHTEN

Wenn der Lack ab ist

Viele Paare begnügen sich damit, die Fassade des Partners zu betrachten. Seine Innenseite ist nicht gefragt. Aber eines Tages, beinahe über Nacht, ist die Fassade verwittert.

Was bleibt dann noch? Der „Lack", die Fassade, hatte vieles verdeckt: Menschliches Defizit, innere Leere, das Ausgebranntsein der Seele. Nun ist man einander gleichgültig und hat sich nichts mehr zu sagen.

Viele werden, wenn sie auf die 50 zugehen, vom Lebensneid auf die Jüngeren geplagt. Sie möchten die Uhr ihres Lebens zurückstellen, um das Gespenst des Alterns zu bannen. Wer sich aber den Wandlungen des Schicksals zu entziehen versucht, wer meint, er könne so bleiben, wie er ist, der gleicht einer Statue, die zum Torso geworden ist, als sie noch im Entstehen war.

Ist denn wirklich alles aus, wenn so oder so der „Lack" ab ist? Gibt es dann keine Zukunft mehr, keinen Sinn, für den es sich lohnt zu leben?

Was ist denn das eigentlich: Das Leben? Was zählt, wenn wir zurückblicken, unter dem Strich? Die Antwort werden Sie finden, wenn Sie aufmerksam im Buche Ihres eigenen Lebens lesen, eine Antwort für Sie ganz persönlich.

Niemand und nichts kann das auslöschen, was zwei, die sich lieben, miteinander erlebt haben. Je älter wir werden, desto größer ist die Chance, unsere Gemeinsamkeit von innen her zu festigen und das Positive aus dem anderen hervorzulieben. Der Sinn unseres Lebens liegt ja nicht draußen. Er liegt in uns selbst.

Es gibt Durststrecken, auf denen uns das Leben wie eine verödete Landschaft erscheint. Dann brauchen wir einen Menschen, der uns auf einen Turm stellt. Denn leben können wir nur, wenn wir ein Ziel im Visier haben, das auf uns zukommt und auf das wir zugehen können. Denn nur wo ein Ziel ist, ist ein Sinn.

Heraus aus dem kleinen Alltagstrott

Zwar bin ich erst knapp 60, gehöre aber doch bereits zu den „Alten". Schon immer wollte ich Sie einmal um Ihre Meinung bitten zum Thema: „Altern will gelernt sein", Ich glaube, das gilt insbesondere für alleinstehende Frauen. Ich versuche tapfer, meine Tage sinnvoll auszufüllen; aber es will mir nichts Rechtes gelingen. Bloß so für mich hin etwas zu tun, zu häkeln, zu strikken, das hat mir nie gelegen. Dazu war ich mein Leben lang zu aktiv. Aber eben — und das ist, glaube ich, der Pferdefuß: Ich war immer nur aktiv für meine Familie.

Hier hat doch etwas in unserer Erziehung nicht gestimmt und stimmt auch heute nicht. Das Wort Familienegoismus fällt mir ein. Das rächt sich nämlich jetzt! Ich hatte — und habe — zwei Söhne. Sie sind aus dem Haus und wohnen am andern Ende der Bundesrepublik. Aus beiden ist etwas geworden. Aber der Stolz darauf ist kein Lebensinhalt für die nächsten zwanzig Jahre.

Ich bin Witwe. Mein Mann ist ein guter Mensch gewesen. Finanzielle Sorgen habe ich nicht; denn für meine Ansprüche reicht mir meine Rente. Aber ich möchte mich gerne nützlich machen. Babysitting tue ich schon gelegentlich. Ich suche aber noch nach etwas anderem. Ich denke an eine soziale Tätigkeit.

Im Grunde fühle ich mich, ehrlich gestanden, durch ein allzu familienintensives Leben recht unsicher und ratlos draußen in einer mir fremd gewordenen Welt, zu der es mich andererseits doch wieder hinzieht. Ich möchte heraus aus meinem stumpfsinnigen, kleinen Alltagstrott. Aber wie?

ANTWORT:

Mit einem Unterton heiterer Gelassenheit stellen Sie fest, daß Sie mit Ihren knapp 60 Jahren bereits zu den „Alten" gehören. Freilich, noch vor 50 Jahren wäre eine Dame Ihres Alters in Ihrer Lage wohl kaum auf die Idee gekommen, nach außerhäuslichen Aktionsmöglichkeiten zu fragen. Damals war man ja in einen großen Familienzusammenhang fest eingefügt. Und wie das heute aussieht, dafür ist Ihre Situation ein typisches Beispiel. Sie haben recht: Da stimmt etwas nicht, wenn junge Mädchen — auch heute noch — daraufhin erzogen werden, sich nur für die Familie abzurackern und keine Interessen für sich selbst entwickeln zu dürfen, damit der Mann und die Kinder in Ruhe ihren Interessen nachgehen können. Der Unterschied liegt darin, daß zu Großmutters Zeiten eine solche Überforderung wohl kaum als unzumutbar beurteilt worden sein dürfte.

Wer heute noch den von Ihnen so kritisch gesehenen Familienegoismus bejaht, steht in dem Verdacht, auf der Flucht vor sich selbst zu sein. Sie haben am eigenen Leibe erfahren, was das bedeutet, wenn man ausschließlich für die Familie da ist und ganz darin aufgeht. Ihr Blick war zwangsläufig stets nach außen und nicht nach innen gerichtet. Das ist Ihnen eindringlich bewußt geworden. Sie haben erkannt, daß nur ein innerlich erfüllter Mensch, der an sich selbst arbeitet und Zeit für sich selbst hat, wirklich für andere dasein kann. Die anderen dienen ihm dann nicht mehr dazu, seine Bedürfnisse zu befriedigen und die eigene innere Leere auszufüllen.

Es ist gut, daß Sie jetzt Bilanz machen, daß Sie so selbstkritisch über diese Fragen nachdenken. Offenbar möchten Sie mit Ihrem Brief insbesondere unsere jungen Leserinnen aufmerksam machen, weil Sie empfinden: Mein Problem ist ja im Keim schon bei den ganz jungen Leuten vorhanden. Man kann nicht früh genug darauf aufmerksam machen, damit die Weichen rechtzeitig gestellt und folgenschwere Fehler vermieden werden.

Für die Einsichten, die Sie gewonnen haben, ist es dennoch nie zu spät, wohl aber in jedem Falle höchste Zeit. Weil Sie das erkennen, ist Ihr Brief im Kern so positiv, ohne einen Schatten von Resignation. Sie fühlen sich noch im guten Sinne anpassungsfähig.

Sie können offenbar mit sich selbst etwas anfangen und darum eben auch mit anderen Menschen. Die Erfahrung lehrt: Viele können das nicht. Sie halten Ihr Leben in Richtung Zukunft offen und können sich über jeden Schritt nach vorn freuen, darüber, daß sie durch neue Aufgaben, Ziele und Begegnungen wachsen.

Ihre Lebensgeschichte ist mindestens so reich an beglückenden Erfahrungen wie an Schmerzen. Sie können auf eine erfüllte Ehe zurückblicken und haben zwei tüchtige Söhne, auf die Sie stolz sein könnten. Doch gerade das wollen Sie nicht. Sie möchten nicht von den Zinsen eines ruhenden Kapitals leben. Sie wollen aus sich selbst wer sein; aber Sie wollen sich nicht auf Ihren Lorbeeren ausruhen. Sie möchten jede neue Lebensphase aktiv gestalten, um sich Ihr gesundes Selbstwertgefühl zu erhalten. Darum möchten Sie Ihre innere Unabhängigkeit und Abstand von dem „stumpfsinnigen, kleinen Alltagstrott". Sie fragen nach zwischenmenschlichen Kontakten. Nicht, um den tieferen Problemen und persönlichen Fragen zu entfliehen, sondern um innerlich erfüllter und stärker zu werden. Babysitting, das spüren Sie deutlich, reicht dazu nicht aus.

Bei Ihrem Herausstreben aus dem Alltagstrott sollten Sie allerdings nicht übersehen, wie schnell und unversehens man in einen anderen „Trott" geraten kann, nämlich in eine Abhängigkeit, in der andere Leute vorschreiben, was man zu tun und was man zu lassen hat. Auf diese Weise läßt sich die innere Leere nur scheinbar ausfüllen. Und man kann auch mit sozialer Betriebsamkeit die eigentlichen Probleme und die Krisen überspielen und verdrängen, die es zu lösen und zu bestehen gilt — die eigenen und die der Menschen, für die man sich so eifrig engagiert. Auch so kommt man nicht mehr zu sich selber. Und gerade das wollen Sie ja doch vermeiden.

Die Frage: „Aber wie?", mit der Ihr Brief schließt, könnte freilich auch als ein Appell an den Adressaten verstanden werden, ganz konkrete Hinweise und „Tips" für Ihre Lage zu liefern. Doch wäre Ihnen damit wirklich geholfen? Wäre das die rechte Lösung für Ihr Problem? —

Sie selbst sollten sich in Ihrer engeren und weiteren Umgebung sehr aufmerksam umsehen, bei den Nachbarn und in Ihrer Gemeinde. Vergessen Sie dabei aber nicht das Wichtigste: Der Sinn Ihres Lebens liegt nicht draußen, sondern in Ihnen selbst. Kein anderer kann für Sie diesen Sinn entdecken. Ihre kritische Rückschau zeigt, daß Sie bereits auf das gesuchte Ziel hin unterwegs sind.

▪

Verstehen schafft Beziehungen. Beziehungen ermöglichen Begegnungen. Begegnungen helfen, heilen, lösen Konflikte.

Ekkehard Krahl

Es würde mir nicht einfallen, jünger erscheinen zu wollen

Man liest und hört fast täglich von Umweltverschmutzung. Politiker und Wissenschaftler zerbrechen sich den Kopf, wie man die Natur unverdorben und rein erhalten oder doch für Menschen, Tiere und Pflanzen wieder gesund machen könnte. Von einer anderen großen Gefahr, die ich als Selbstverschmutzung bezeichnen möchte — und die ich für nicht weniger gesundheitsschädigend halte — ist so gut wie gar nicht die Rede. Ich meine die Gefährdung, die von den kosmetischen Artikeln kommt.

Ich bin jetzt 65 Jahre und empfinde das besonders schmerzlich, weil ich selbst in einer Zeit aufgewachsen bin, als man noch ein gesundes Verhältnis zur Natur und zum Leben hatte, vor allem in der bündischen Jugend.

Mit Entsetzen erlebe ich jeden Tag, wie meine Enkelin Uschi — sie ist Verkäuferin in einem Modesalon — stundenlang vor dem Spiegel steht, sich schminkt, die Fingernägel grellrot lackiert, Augenbrauen nachzieht, Wimpern anklebt und tuscht, wie sie lila Lidschatten aufträgt, mit Puder, Spray und Desodorantien umgeht. Ich muß es mit ansehen, wenn sie mit den Jahreszeiten die Haarfarbe wechselt und täglich so starkes Parfüm gebraucht wie früher nur die Straßenmädchen. Dafür habe ich kein Verständnis. Fehlt nur noch, daß sie sich durch kosmetische Operationen eine andere Nase zulegt.

Ich bin bereits von den Spuren des Alterns gezeichnet. Es würde mir aber doch nicht im Traum einfallen, mit Gewalt jünger erscheinen zu wollen als ich bin. Bin ich denn altmodisch und von gestern?

ANTWORT:

Ihr Vergleich mit der Umweltverschmutzung ist ein Vorurteil, mit dem Sie jeden Weg des Verstehens blockieren. Ihr täglich neues „Entsetzen" über Uschis Makeup, das Sie an Straßenmädchen erinnert, entspringt einem moralischen Denken, mit dem man nicht mehr verstehen, sondern nur noch verurteilen kann.

Der Maßstab, mit dem Sie die Kosmetik messen, ist die „unverdorbene Natürlichkeit" — oder richtiger das, was Sie dafür halten. Sich schminken bedeutet für Sie in jedem Falle: Die „Natur" verfälschen, sich entstellen und sich verfremden. Zugegeben, viele Frauen tuen das nicht, um sich selbst und anderen zu gefallen. Sie wollen auffallen. Und da es sich bei der Kosmetik immerhin um eine Kunst handelt, die erlernt sein will und die ästhetisches Empfinden voraussetzt, treiben auf den Gefilden der Schönheitspflege Unverstand und Geschmacklosigkeit seltsame Blüten.

Aber wo gibt es denn im Bereich des Menschlichen die „reine Natur", die Ihnen als Idealbild vorschwebt? Wird nicht alles, was zum Menschen gehört, vom Menschen verwandelt? Wer für die „reine Natur" plädiert, der dürfte — streng genommen — weder Zahnpasta benutzen noch sich die Nägel schneiden.

Sie schreiben: Uschi ist Verkäuferin in einem Modesalon. In dieser Branche ist das Make-up eine Selbstverständlichkeit. Was Sie an Ihrer Enkelin verurteilen, ist ein Verhalten, das ihrem Beruf und ihrem Alter entspricht. Dabei mag ihr freilich das Gefühl für die Grenze zwischen Selbstverschönerung und Selbstverfremdung noch abgehen. Doch glauben Sie im Ernst, Sie könnten ein Mädchen wie Uschi für die Ideale der bündischen Jugend von einst begeistern? Wohl kaum eine Altersgruppe hat mehr das Bedürfnis, von den Gleichalterigen akzeptiert zu werden. Und die Kontaktchance, die jungen Menschen aus schmerzlicher Vereinsamung heraushelfen kann, führt stets auf den Weg über Rollen und niemals geradlinig auf ein Ziel zu, das gestern, heute und morgen dasselbe ist.

Es ist nicht recht, wenn Sie als Großmutter die Art, wie Sie Ihre Jugend erlebt haben, heilig sprechen möchten. Jeder Versuch, dem Enkelkind die Schönheits- und Reinheitsideale Ihrer Jugendzeit aufzudrängen, wäre nichts als moralistische Verkrampfung. So würden Sie es Uschi unmöglich machen, ihren eigenen Weg zu finden. Sie würden damit nur ihren entschiedenen Protest herausfordern und das Familienklima empfindlich verderben. Erwarten Sie von Ihrer Enkelin nicht so etwas wie sozialen Selbstmord. Das Entsetzen der älteren Generation über die „Veräußerlichung" und über die „widernatürliche Selbstentfremdung" hat bestimmt noch keinem einzigen jungen Menschen geholfen, sich selbst zu entdecken und seinen persönlichen Stil zu finden.

Zwischen den Zeilen Ihres Briefes steht aber noch etwas ganz anderes. Haben Sie diesen Brief wirklich

Uschis wegen geschrieben? Schreiben Sie nicht vielmehr zuerst und zuletzt für sich selbst? Hinter Ihrem Brief steht unverkennbar die Frage: Muß ich mich wirklich so annehmen, wie ich nun einmal bin? Habe ich auch die Runen des Alterns als mein unabwendbares Schicksal hinzunehmen? Schon der Gedanke, Sie könnten für altmodisch gehalten werden, tut Ihnen weh. Offenbar befinden Sie sich mit Ihren 65 Jahren in einem Zwischenzustand: Sie kommen sich keineswegs alt oder gar überflüssig vor. Andererseits gestatten Sie es sich aber nicht, so alt bzw. so jung zu sein, wie Sie sich fühlen. Und so verdrängen Sie den Gedanken, daß gerade die Schönheitspflege für Menschen Ihres Alters eine besondere Chance bedeutet. Aus einem starren Vorurteil heraus lehnen Sie das ab, was man mit dem Wort Alters-Kosmetik bezeichnet.

Um diese Chance wahrzunehmen, müßten Sie freilich einen ganz neuen Einstieg finden, einen Zugang zum Verständnis für unsere Gegenwart, insbesondere für die junge Generation.

Wie das möglich wäre? Indem Sie ganz unvoreingenommen mit Uschi über ihren Beruf sprechen und sich für ihren Lebenskreis interessieren. Es könnte nämlich sein, daß Sie dabei entdecken, daß Uschi nicht bloß das Opfer eines Modespleens ist, daß sie über alle oberflächliche „Nachäfferei" hinaus eine verständliche Freude daran hat, so herrlich jung zu sein, und daß sie ein Recht darauf hat, sich selbst und anderen gefallen zu wollen. Und es könnte dann vielleicht auch geschehen, daß Ihre Enkelin entdeckt: Meine Großmutter ist ja gar nicht „von gestern". Sie kann ja noch etwas ganz anderes, als mich mit vorwurfsvollen Blicken zu verurteilen und an mir herumzunörgeln.

Mit diesem Vorschlag ist keineswegs gemeint, daß ältere Leute — aus lauter Angst, für Moralisten gehalten zu werden — den jungen nach dem Munde reden oder sich gar bei ihnen anbiedern sollten. Sie sollten ihnen — bei allem Verständnis und bei aller Toleranz — auch den Blick für die Gefahr schärfen, die darin liegt, daß man über den Wunsch nach einer attraktiven Oberfläche die Pflege der inneren Schönheit vernachlässigt oder gar geringachtet.

Machen Sie Uschi deutlich, daß wir im Spiegel uns selbst begegnen, und daß Kosmetik die Kunst ist, das Äußere dem inneren Bild anzugleichen, von dem Angelus Silesius bezeugt hat: „Vor jedem steht ein Bild des, das er werden soll. Solang er das nicht ist, ist nicht sein Friede voll".

▪

Ist Schönsein Glück?
Die Menschen wollen nur deshalb schön sein, weil sie meinen,
damit attraktiv zu sein — für sich, für andere sowie
für einen unbekannten Dritten. Das ist mehr als ein
ästhetisches Bedürfnis, mehr auch als erotische Gefallsucht.
Dahinter steckt eine unbezähmbare Sehnsucht nach
dem Angenommenwerden — nicht nur durch diesen oder
jenen, überhaupt nicht durch Menschen, sondern
durch jemand, der mehr ist als Mensch.

Walter Gutkelch

Wir hatten uns plötzlich nichts mehr zu sagen

Seit Oktober vorigen Jahres befinde ich mich wegen Schlafmittelmißbrauchs in einer Heilstätte. Hier habe ich viel Zeit, mein Leben Revue passieren zu lassen.

Ich bin als Einzelkind in einem nach außen hin wohlgeordneten Elternhaus aufgewachsen. Tatsächlich lagen sich meine Eltern aber oft in den Haaren, meist wegen des lieben Geldes und oft wegen der Sexualität.

Mein Vater war das, was man einen Pantoffelhelden nennt. Am Tage nach seiner Pensionierung ist er gestorben. Ich weiß, daß meine Mutter den ehelichen Verkehr nur als eine ekelhafte Pflicht ansah. Mich stramm moralisch zu erziehen, hielt sie für ihre Lebensaufgabe.

So stand denn meine Jugend unter einem ständigen „Du mußt!". Ich m u ß t e — wegen der Leute — das Gymnasium besuchen. Durch die unaufhörlichen Vermahnungen hatte ich einen unüberwindlichen Schulkomplex bekommen. In Obertertia machte ich das „Abitur". Dann m u ß t e ich in die kaufmännische Lehre. Ich geriet in eine Firma, die Ansichtskarten mit härtesten Pornophotos herstellte. Sie werden sich wahrscheinlich vorstellen können, wie oft ich Selbstbefriedigung trieb.

Übrigens m u ß t e ich bis dahin auch jeden Sonntag zur Kirche. Meine Eltern sind selbst nie gegangen.

Schließlich, sechzehn Jahre alt, griff ich zur Selbsthilfe. Heimlich besuchte ich die Tanzschule und bekam so endlich die so heiß ersehnten Kontakte zu Mädchen. Einen Freund habe ich bis heute nie gefunden. Ein Jahr später besuchte ich das Abendgymnasium. Die kaufmännische Gehilfenprüfung habe ich mit „gut" bestanden, das Abitur mit „befriedigend" nachgeholt.
Mit neunzehn hatte ich mich gründlich ausgetobt. Damals begegnete ich meiner ersten großen Liebe. Mit 22 begann ich, Betriebswirtschaftslehre zu studieren.

Vor gut zwei Jahren lernte ich Angelika, meine jetzige Frau, kennen. Wir mußten heiraten. Ich war nun Vater eines gesunden Sohnes; aber eben darum mußte ich nach dem 4. Semester mein Studium aufgeben, um Geld zu verdienen.

Bis zuletzt hatte meine Mutter durch Hungerkuren und durch Selbstmordversuche alles getan, um die Heirat zu verhindern. Während der Schwangerschaft, die meiner Frau sehr zusetzte, wurde unsere Ehe unversehens immer eintöniger. Wir hatten uns plötzlich nichts mehr zu sagen, schauten nur noch Fernsehen, sogar im Schlafzimmer. Der eheliche Verkehr wurde seltener. Ja, ich mußte mir perverse Situationen vorstellen, um nicht elend zu versagen.

Das alles hat mich unsagbar bedrückt; denn für mich ist die Liebe etwas sehr Wertvolles und Sauberes. Ich meine, in der Ehe müssen Sex und geistige Liebe sich stets 50 zu 50 die Waage halten.

Bei meiner inneren Leere und Zerrissenheit konnte ich abends nicht mehr einschlafen, wenn ich keine Tabletten genommen hatte. Daß es mir dennoch in dieser Situation gelang, mir eine eigene Existenz als Industriekaufmann aufzubauen, verdanke ich insbesondere der Aktivität und der Attraktivität meiner Frau. Heute bin ich 25 und Angelika 19. Sie hat keinen Beruf erlernt; denn gleich nach ihrer Schulzeit kam unsere Expreß-Hochzeit.

Als ich mit dem Tablettenkonsum Schluß machen wollte, merkte ich, daß ich süchtig geworden war. Ich hatte wahnsinnige Angst, als ich hörte, ich müßte ein halbes Jahr in einer geschlossenen Anstalt bleiben. Dann meldete ich mich doch freiwillig, machte aber einen Rückzieher, der den Gerichtsbeschluß auslöste: Zwangseinweisung in eine Entziehungskur.

Jetzt hat mir meine Frau im Urlaub — fast so nebenbei — gesagt, daß sie mich seit Monaten mit verschiedenen Männern betrogen hat: Jede Woche mehrmals. Für diese Liebhaber empfinde sie zwar ebenso wenig wie für mich; aber den Verkehr finde sie schön und ihren jetzigen Lebenswandel „völlig normal". Die beste Lösung sei wohl, so meinte sie, wenn wir uns scheiden ließen, und zwar aus beiderseitigem Verschulden. Durch das Kind, das ich ihr „angedreht" hätte, und das ihr nur ein Hindernis sei, könne sie ihren beruflichen Plan, Sozialarbeiterin zu werden, nicht verwirklichen.

Ich weiß nicht, was mit meiner Frau geschehen ist. Resigniert sie vielleicht nur, weil sie von meiner Krankheit keine klare Vorstellung hat und nicht glauben kann, daß ich gesund werde? Ich weiß nicht, ob ich für meine Ehe noch kämpfen soll. Was kann ich tun?

ANTWORT:

Wer wollte ernsthaft bestreiten, daß die disharmonische Ehe Ihrer Eltern und die verklemmte Erziehung durch eine Mutter, die ihr Kind wie einen lebenslänglichen Besitz festhalten möchte, sich folgenschwer auf Ihr bisheriges Leben ausgewirkt haben? Insbesondere die — beiderseitige! — Mutter/Sohn-Bindung ist geradezu schicksalhaft gewesen und ist es im Grunde noch heute.

Daß Ihre Mutter Sie nicht loslassen will, ist keineswegs der Ausdruck für eine besonders starke Liebe. Im Gegenteil! Wer wirklich liebt, will die geliebte Person nicht an sich fesseln. Echte, dauerhafte Bindung ist nur möglich, wo Freiheit ist. Und Liebe macht frei. Wer so gebunden ist wie Sie, wird zwangsläufig befangen, unselbständig, unfähig zu echten Entscheidungen, unfähig zu lieben.

Weil Sie sich von dieser Bindung losmachen wollten, haben Sie zu dem Schlafmittel gegriffen. Sie sind in die Betäubung, in einen quasi-Trance-Zustand geflüchtet, um sich von der Sie auf Schritt und Tritt bevormundenden Mutter — die Psychologen würden sagen: Von dem Zwang des Über-Ich — zu befreien.

Die so gewonnene „Entlastung" war eine Selbsttäuschung. Diese Scheinfreiheit hat Ihre Persönlichkeitsentwicklung nur noch mehr gefährdet und gestört. Ihre blockierte Liebesfähigkeit mußte sich fatal auswirken.

Tatsächlich sind Sie keineswegs frei gewesen, als Sie sich entschlossen zu heiraten. Nicht nur wegen der Schwangerschaft. Es wird sich lohnen, wenn Sie in Ihrem „Exil" gründlich darüber nachdenken, ob Sie mehr von dem Bannkreis der Mutter w e g als auf die Person des geliebten Mädchens h i n geheiratet haben. Die erste Möglichkeit muß ja nicht ausschließen, daß Sie damals dabei waren, gewisse Selbstwertgefühle zu entwickeln oder daß Sie damals überzeugt waren, den so entscheidenden Schritt in die Ehe in voller Freiheit und aus „echter Liebe" getan zu haben.

Der Schreiber dieser Zeilen glaubt, Ihnen eine ehrliche Antwort schuldig zu sein. Niemand, der Ihnen nur nach dem Munde redet, kann Ihnen helfen, sich selbst, Ihre Frau und das Elend Ihrer Ehe besser zu verstehen. Auf die Gefahr hin, daß Sie diese Antwort für die unmaßgebliche Meinung eines schlechten Menschenkenners halten, wage ich zu behaupten:

Zu einer wirklichen großen Liebe fehlte Ihnen bisher die seelische Kraft. Sie hielten das für Liebe, was eigentlich nur das Verlangen war, geliebt zu werden.

Und wie verständlich, wie verzeihlich ist dieser Irrtum! Sie waren kein Liebender. Sie waren ein Verliebter. Mit dem, was Sie ‚Liebe' nennen, meinten Sie nicht einen einmaligen, einzigartigen Menschen, nicht die Person hinter der offenbar attraktiven und reizenden Erscheinung dieses Mädchens. Sie waren fasziniert von diesem Typ. Verliebtheit blendet und verblendet. Liebe macht sehend, ja, hellsichtig.

Und Ihre Frau? Was Sie von ihr mitgeteilt haben, läßt vermuten, daß ihr ganzes Denken, Fühlen und Wollen ausschließlich um das eigene Ich kreist, um das eigene Triebleben. Ihre Beziehungen zur Umwelt, insbesondere zu Männern, stehen im Dienste der Ich-Befriedigung, vor allem des unersättlichen sexuellen Luststrebens. Eine Ich-Verliebtheit von dieser Intensität muß aber alle mitmenschlichen Kontakte verfremden oder blockieren.

Wer so in sein Ich verliebt ist wie Ihre Frau, der kann gar nicht anders denken und handeln. Er muß zwangsläufig die Mitmenschen als Mittel zur egoistischen Befriedigung seines Genußstrebens ausnutzen. An dieser Wertskala gemessen sind Sie in den Augen Ihrer Frau ein Versager. Die Gründe haben Sie selbst angedeutet.

Ichverliebtheit und Sexbesessenheit entordnen nicht nur das mitmenschliche Beziehungsgefüge. Sie zerstören auch das Verhältnis zur Welt des Glaubens, die Beziehung zu Gott. Wahrscheinlich gibt es viele Menschen, die sich lieben lassen, ohne wiederzulieben. Die eigene Person steht über dem Du und über dem Wir. Wer sich selbst als den höchsten aller Werte empfindet, kann sich nicht liebend hingeben oder sich um einen anderen Menschen bemühen.

Vielleicht ist auch Ihre Frau aus Mangel an echter Liebe erkrankt, die Sie ihr nicht geben konnten, weil Sie von der Mutter her fixiert waren. Es war Ihnen nicht möglich, Angelika richtig zu „nehmen“: Im konkreten und im übertragenen Sinne dieses Wortes.

Einiges spricht für die Vermutung, daß Sie beide in einer neurotischen Phase einander begegnet sind und sich nach einem verborgenen Gesetz gegenseitig angezogen haben.

Um Ihre Frage vorwegzunehmen: Soll ich — nach all den entmutigenden Erfahrungen — noch für meine Frau kämpfen? Sie sollten sehr selbstkritisch und nüchtern prüfen, ob Angelika diese Frage durch ihr Verhalten nicht bereits beantwortet hat. Sie kämpft nicht mehr für Ihre Ehe. Sie scheint keine mütterlichen Gefühle für ihr Kind zu haben. Es ist ihr offenbar nur im Wege. Die Frage, ob eine Ehe um der Kinder willen weiterbestehen sollte, hat doch nur dann einen Sinn, wenn die Eltern wirklich Eltern sind, wenn sie ihren Kindern Heimat schenken können.

Wer wollte den Mut haben, Ihnen frei heraus zu raten: Kämpfen Sie auf jeden Fall für Ihre Ehe und um Ihre Frau? Und wer könnte es verantworten, Ihnen angesichts der vielen ungelösten Fragen zur Scheidung zu raten? Wäre es nicht denkbar, daß hinter den schokkierenden „Eröffnungen“ Ihrer Frau gar nicht die entsprechenden Tatsachen stehen? Und können Sie die Möglichkeit ausschließen, daß sich Ihre Frau irgendwie rächen will?

Sie fragen: „Was kann ich tun?“

Wenn Sie diesen Brief aufmerksam gelesen haben, kennen Sie die Antwort bereits: Tun Sie alles, was Ihnen helfen kann, Ihre gestörte Ich-Entwicklung und deren Ursache zu verstehen und die eigene Vergangenheit aufzuarbeiten bzw. zu entmachten.

Dabei wird es insbesondere um Ihr gestörtes Verhältnis zur Geschlechtlichkeit gehen. Wie sehr in Ihrer Vorstellungswelt die Sexualität abgespalten und isoliert existiert, dafür ist Ihr Brief ein beredtes Zeugnis. Ihre Angst vor dem Ungenügen, vor dem Versagen, verhindert jede unbefangene Begegnung mit dem Partner.

In dieser ängstlichen Erwartung haben Sie nichts im Sinn als den Sexualakt, der darum mißlingen muß. Das tritt um so peinlicher in Erscheinung, je sehnlicher — wie bei Ihnen — das Verlangen nach wirklicher Liebe ist. „Echt" und beglückend kann die geschlechtliche Begegnung nur sein, wenn Sexualität und Erotik — die irrigerweise von allzuvielen für ein und dasselbe gehalten werden — in einer geglückten Synthese zu einem Ganzen verschmelzen. Die dem Menschen gemäße Sexualität ist stets der körperliche Ausdruck einer seelisch-geistigen Beziehung, ist Ausdruck der Liebe.

Indem Sie von heute auf morgen den Sexualgenuß und sexuelle Partnerinnen im Übermaß verkonsumiert haben, haben Sie sich keineswegs von der Mutter „abgenabelt". Sie haben sich vielmehr die Möglichkeit blokkiert, zu höheren Formen des Liebeslebens, zu tieferem Erleben der Liebe zu gelangen. Sie haben die bittere Erfahrung gemacht, daß es einen einsamen Sex gibt. Wenn Sie es nicht schaffen, auf menschliche Weise zu lieben, werden Sie Ihr Leben lang einsam bleiben.

Darum also der Vorschlag: Tun Sie alles, was Sie tun können, um Ihre versäumte Persönlichkeitsentwicklung nachzuholen. Vertrauen Sie sich einem erfahrenen Psychotherapeuten an. Es spricht vieles dafür, daß in Ihrem Falle die Prognose für eine vollmenschliche Entwicklung günstig ist. Der erfahrene Fachmann wird Ihnen helfen,

Ihre seelischen Kraftreserven zu mobilisieren und das Unverstandene in sich zu bewältigen.

Er wird Ihnen helfen, endlich und endgültig die notwendige Entscheidung zu fällen, die den Weg zu einer eigenständigen Entwicklung öffnet. Und diese Entscheidung ist die Voraussetzung für alle anderen Entscheidungen, die Ihnen noch bevorstehen. Ihre bisherige Fehlentwicklung muß keineswegs hoffnungslos in einer Sackgasse enden. Aber Sie brauchen die führende Hand eines Therapeuten, der Sie dahin führen wird, daß Sie mehr und mehr zu sich selbst finden, der Sie besser versteht als andere, ja, besser, als Sie selbst sich verstehen können. Sie brauchen einen Menschen, der weiß: „Lieben heißt, den anderen Menschen so sehen, wie Gott ihn gemeint hat".

▪

Wenn sexuelle Anziehung Liebesgefühle vorgaukelt, wird die Enttäuschung oft schnell greifbar. Diese Art von Liebe ist ihrem ganzen Wesen nach nicht von Dauer. Die beiden Menschen lernen sich zwar gründlich kennen; aber ihre Vertrautheit verliert immer mehr von ihrem einzigartigen Charakter, bis Auseinandersetzungen, Enttäuschung und gegenseitige Langeweile alles abtöten, was von dem anfänglichen Reiz übriggeblieben ist.

Reinhold Ruthe

Was bleibt?

In dem Arbeitszimmer eines guten Bekannten steht über dem Schreibtisch in Großdruck der englische Satz: „This day is the first day of the rest of my life". Zu deutsch: „Heute ist der erste Tag von dem Rest meines Lebens". Dieses Wort hat mich getroffen und geht mir nicht aus dem Sinn.

Ich bin jetzt fünfzig. Man sagt wohl scherzhaft, nach einem halben Jahrhundert sei „der Lack ab". Das ist scheinbar eine ganz undramatische Erfahrung. Ich muß aber gestehen: Seit ich die Fünfzig überschritten habe, gibt es nichts, was mich so beunruhigt und mich gelegentlich in einen Abgrund von Melancholie versinken läßt, wie der Gedanke an den unaufhaltbar dahinschrumpfenden „Rest" meines Lebens.

Selten ist mir das so eindringlich unter die Haut gegangen wie gestern abend, als ich beim Aufräumen meines Bücherschrankes ein altes Familienalbum entdeckt habe. Auf dem ersten Bild liegt ein winziges Kerlchen bäuchlings auf einem Heidschnuckenfell. Sie werden sich an diese Manier der Fotographen von damals erinnern können. Das also bin ich — oder richtiger: Das war einmal ich. Schwerlich könnte ich in Worte fassen, was ich bei diesem Bild empfinde, das einen Augenblick aus meinen ersten Lebenstagen festhält, der jenseits der Grenze meines Erinnerungsvermögens liegt. Einige Seiten danach stehe ich als „I-Männchen" vor der Haustür. Die zarten Kinderarme halten eine riesige Zuckertüte, mit der die Eltern den beginnenden „Ernst des Lebens" versüßen, den der große Schulranzen unmißverständlich ankündigt. — Es folgt ein Gruppenbild: „Zur Erinnerung an Deine Konfirmation". Vorn sitzen die Mädchen. Sie sind heute fast alle Großmütter. Und mehr als die Hälfte der Jungen, die hinter den Konfirmandinnen stehen, liegen irgendwo in russischer Erde. — Das nächste Albumblatt zeigt unser Hochzeitsbild. Ich kann mich noch gut an das Gaudi erinnern, das wir hatten, als der Fotograph die Hochzeitsgesellschaft im Halbkreis um den Brunnen herum gruppierte. — Auf dem letzten Bild stehen unsere Kinder neben uns. Sie sind inzwischen im Studium.

Wo ist das geblieben, was doch alles einmal lebendige Gegenwart war? Aus und vorbei —? Gewiß, nach physikalischem Zeitverständnis ist das, was die Bilder zeigen, bereits vergangen, wenn man das Klicken des

Photoapparates hört. Und doch werden diese selben Bilder noch nach Jahrzehnten in meiner Erinnerung lebendig. Wenn ich die Augen schließe sehe ich sie inwendig, als hätte ich das alles soeben geträumt.

Verstehen Sie, warum das Wort von dem „Rest meines Lebens“, das ich über dem Schreibtisch meines Bekannten gelesen habe, mich nicht losläßt? Ist das etwa „unnormal“? Ist das eine verrückte Idee, wenn ich die Antwort suche auf die Frage: Was bleibt?

ANTWORT:

Zu Ihrem tiefschürfenden Brief vorweg eine kritische Frage: Wo liegt nach Ihrer Meinung der Ton in dem Satz, den Sie über dem Schreibtisch Ihres Bekannten gelesen haben? Geht es wirklich zuerst und zuletzt um den „Rest“? Geht es nicht entscheidend um das Heute, um „diesen Tag“, um das gegenwärtige Jetzt? Dann aber ist dieses Wort durch und durch positiv gemeint: Nüchtern, aber ermutigend. Denn selbst mein letzter Tag ist „der erste“ von dem „Rest“ meines Lebens. Diese Nüchternheit will provozieren und zum Nachdenken zwingen. Es kommt alles auf die Blickrichtung an. Das ängstliche Starren auf die immer kürzer werdende Zeitspanne, auf den unaufhaltbar schrumpfenden „Rest“ wirkt lähmend und deprimierend. Erst die befreiende Erkenntnis, daß jeder Tag, jedes Heute eine einmalige, einzigartige Chance enthält, macht das Leben lebenswert.

Dieses Wort enthält keinen Ton der Klage über die Vergänglichkeit und Hinfälligkeit des Lebens; keine Spur von wehmütigem Sich-Erinnern an Unwiederbringliches oder von Angst vor der ungewissen Zukunft. Es ist das volle Ja zu den täglich neuen Möglichkeiten und Wandlungen, die das Leben schafft.

Nichts unterscheidet die Menschen so grundlegend wie ihre Einstellung zum Leben. In unserer modernen Gesellschaft, die Lebenserfolg mit Lebenserfüllung verwechselt, die nur auf Leistungen aus ist, muß sich der alternde Mensch — trotz aller sozialen Hilfen — unerfüllt und überflüssig vorkommen. Mit den Maßstäben des Leistungsdenkens gemessen ist das Alter ein einziger Leerlauf. Ist es verwunderlich, daß die Gedanken der meisten Menschen um das vergehende, entgleitende Leben kreisen?

Ihr Brief zeigt deutlich, daß Sie sich damit nicht zufriedengeben können. Darum fragen Sie so nachdrücklich: „Was bleibt?" Der englische Premier Baldwin hat die Zeit einmal eine Schneiderin genannt, „die sich auf Änderungen spezialisiert hat". Wir werden älter — ob wir es wahrhaben wollen oder nicht, ja, ob wir es wahrnehmen oder nicht. Wir müssen mit der Tatsache leben, daß „die Schneiderin Zeit" ihre Änderungen an uns vornimmt. Nicht so, daß dies das Hauptthema unseres Lebens werden dürfte. Denn nichts macht schneller alt als der immer vorschwebende Gedanke, daß wir älter werden.

Wir können freilich versuchen, mit den Veränderungen fertigzuwerden, indem wir uns ihre Vorzüge vergegenwärtigen und dann diesen Aktivposten gegen die Passivseite des Lebens stellen. Eine solche Bilanz ist ohne Frage positiver und sinnvoller als die resignierende Feststellung: Alles vergeht.

Als Fünfzigjähriger werden Sie dabei einige trostreiche Wahrheiten für sich buchen können. Etwa so: Wie intolerant ich doch mit zwanzig war! Und was für selbstgerechte Vorurteile hatte ich noch mit vierzig! Nun habe ich gelernt, Halbheiten hinzunehmen, mit Fehlern und mit Unvollkommenheiten zu leben und anderen Leuten ihre Schwächen nachzusehen. Weil ich mir bewußt bin, daß die Grenze meines Lebens näherrückt, hat für mich jede Stunde ein höheres spezifisches Gewicht. Die Zeit ist kostbarer geworden. Ich entdecke immer mehr von dem Sinn meines Lebens.

Doch reicht dieser Aktivsaldo aus, um die Frage zu beantworten, die Ihnen so wichtig geworden ist und die

Sie nicht losläßt: „Was bleibt?" Geben uns die Vorzüge des Älterwerdens, die reifen Früchte im Herbst unseres Lebens, das zuversichtliche Bewußtsein, daß jeder neue Tag „der erste Tag" ist? Und wie läßt sich schließlich die Frage nach dem, was bleibt, vereinen mit der Gewißheit, daß unser Leben auch in seiner letzten Phase „alle Morgen neu" ist?
Vielleicht hat Ihnen Ihr Fotoalbum die Antwort gewiesen, als Sie von Bild zu Bild, von einer Verwandlung zur anderen sich selbst wiedergefunden haben. ‚Ichselbst-Bleiben' heißt ja doch nicht: Immer-derselbebleiben, der ich nun einmal bin. Nein, bleiben kann ich nur so, daß ich mich dem Strom des schöpferischen Lebens anvertraue, daß ich bereit bin für die Wandlungen des Lebens. Das ist letztlich eine Frage nach dem Mut, der zum Glauben gehört. Wer meint, er müsse so bleiben wie er einmal ist, wer sich seiner Reife und seiner Erfahrungen rühmt, macht den törichten Versuch, sich an die Stelle Gottes zu setzen. Wer um jeden Preis und mit allen Mitteln jung bleiben will, der lebt in der ständigen Angst vor den Veränderungen des eigenen Schicksals und des eigenen Charakters. Und das heißt: In der Angst vor dem Vergehen.
Wer nach dem Geheimnis der Zeit fragt, der fragt nach dem Sinn seines Lebens. Sinn hat aber nur, was einen Ursprung und ein Ziel hat. Und geborgen ist nur, wer weiß, daß das Ziel seines Lebens bereits in seinem Ursprung angelegt ist — wie im Samenkorn die Blüte und die Frucht. Sie haben sehr deutlich erkannt, daß es neben dem physikalischen Zeitverständnis, auf dem die Mechanik unserer Uhren beruht, noch ein ganz anderes Erlebnis der Zeit gibt, durch das Ihnen die Bilder in Ihrem Fotoalbum noch nach Jahrzehnten lebendig gegenwärtig sind und durch das Ihnen Ihr Leben als ein Ganzes erscheint, wie ein Traum, den Sie soeben geträumt haben. Vielleicht würden Sie sogar sagen: Wie ein zusammenhängender Plan, den Sie zwar nicht selbst entworfen haben, an dessen Ausführung — oder Vereitelung — Sie aber aktiv mitwirken.

„Was bleibt?" — Sie haben — mehr oder weniger bewußt — ihre wichtige Frage beantwortet: *Ich selbst bin es, der bleibt.* Wenn Sie an die Bilder in Ihrem Album denken — von dem winzigen Männlein auf dem Heidschnuckenfell bis hin zu dem Foto mit Ihren erwachsenen Kindern — dann wird Ihnen diese Wahrheit lebendige Erfahrung, die ein Unbekannter gemeint hat: „Die Zeit ist eine Erfindung Gottes, damit nicht alles auf einmal geschieht".

▪

Wir sind als Person nicht identisch mit dem vergehenden Rausch unserer Vitalität und Emotionalität,
denn nur die erlittene Zeit zerstört — gestaltete Zeit trägt.

Wilhelm-J. Revers

Manchmal scheint es mir, als ob die Wirklichkeit, in der wir leben, nur ein Schleier vor dem großen Geheimnis Gott ist.

Wilhelm Dreisbach

Quellennachweis zu den Zitaten:

- I. 1. Theodor Bovet (Zürich): Ehekunde II, „Die Verlobung", S. 42
- I. 2. Wilhelm-J. Revers (Salzburg): „Ehe und persönliche Vergangenheit" (1966)*
- I. 3. Reinhold Ruthe (Wuppertal): „Partnerwahl", Claudius-Verl. München 1972, S. 131
- II. 1. Erwin Krämer (Dortmund): „Sinn und Unsinn guter Manieren" (1971)*
- II. 2. Theodor Bovet (Zürich): Ehekunde II, „Zur Psychologie von Mann und Frau", S. 115
- II. 3. Gerhard E. Stoll (Bielefeld): „Woanders ist Ehe anders" (1963)*
- III. 1. Wilhelm-J. Revers (Salzburg): „Ehe und persönliche Vergangenheit" (1966)*
- III. 2. Alfred Ziegner (Bochum): „Vorurteile über das andere Geschlecht", Vortrag (1973) vor Polizeibeamten und deren Ehefrauen
- IV. 1. Adolf Sommerauer (München): „Allerlei über Liebelei und Liebe", Schriftenmissions-Verl. Gladbeck 1971
- IV. 3. Walter Gutkelch (Berlin): „Mit dem falschen Partner leben" (1971)*
- V. 1. Eckbert Höflich (Köln): „Von der Ehrfurcht in der Ehe" (1961)*
- V. 2. Wilhelm-J. Revers (Salzburg): „Ehe und persönliche Vergangenheit" (1966)*
- VI. 1. Adolf Sommerauer (München): „Allerlei über Liebelei und Liebe", Schriftenmissions-Verl. Gladbeck 1971
- VI. 2. Rainer Röhricht (Wedel): „Evang. Entwurf der Ehe im 20. Jahrhundert" (1964)*
- VI. 3a) Rainer Röhricht (Wedel): „Sonntagsblatt" (Hamburg, 3. 1. 65): „Wie kann Gott das zulassen?"
- VI. 3b) Joachim Illies (Schlitz/Hessen): „Wissenschaft als Heilserwartung", Furche Nr. 84, S. 131
- VII. 3. Rainer Röhricht (Wedel): „Evang. Entwurf der Ehe im 20. Jahrhundert", (1964)*
- VIII. 1. Ekkehard Krahl (Bocholt): „Das Kind — ein aufdringlicher Partner", (1972)*
- VIII. 2. Walter Gutkelch (Berlin): „Kosmetik als seelische Aufgabe" (1961)*
- VIII. 3. Reinhold Ruthe (Wuppertal): „Liebe" ohne Liebe (1967)*
- VIII. 4. Wilhelm-J. Revers (Salzburg): „Sexuelle Verführung" (1965)*

---

* Vortrag in der Bochumer Eheschule

Eheberatungsstellen in der Bundesrepublik Deutschland

Baden-Württemberg

7569 Amecke über Sundern, Am Langloh 2
7520 Bruchsal, Anton-Wetterer-Str. 3, Tel. 0 72 51 / 31 78
6967 Buchen (Odenw.), Wimpina-Platz, Tel. 0 62 81 / 2 15
7417 Dettingen, Mozartstr. 5
7800 Freiburg i. Brsg., Dreisamstr. 3, Tel. 07 61 / 2 23 77
7800 Freiburg i. Brsg., Schillerstr. 10, Tel. 07 61 / 4 42 31
7800 Freiburg i. Brsg., Jak.-Burkhardt-Str. 13, Tel. 07 61 / 2 47 49
7320 Göppingen, Olgastr. 6
6900 Heidelberg, Karl-Ludwig-Str. 6
6900 Heidelberg, Im Plöck 2 a, Tel. 0 62 21 / 2 41 71
7100 Heilbronn, Bahnhofstr. 37
7500 Karlsruhe, Werderstr. 63, Tel. 07 21 / 69 16 68
7760 Konstanz, Obere Laube 75, Tel. 0 75 31 / 32 10
7630 Lahr, Werderstr. 51, Tel. 0 78 21 / 25 26
6800 Mannheim, Traltteurstr. 48, Tel. 06 21 / 4 02 33
6800 Mannheim, A 4, 1, Tel. 06 21 / 1 23 33
6050 Offenbach, Waldstr. 70, Tel. 06 11 / 8 27 16
6050 Offenbach, Kaiserstr. 69, Tel. 06 11 / 88 54 00
7601 Ortenberg b. Offenbg., Im Sommerhäldele 28, Tel. privat: 07 81 / 5 43 88
7410 Reutlingen, Ringelbachstr. 221, Tel. 0 71 21 / 52 95
7410 Reutlingen, Kaiserstr. 21, Tel. 0 71 21 / 4 14 11
7700 Singen/Htwl., Schwarzenwaldstr. 21 b, Tel. privat: 0 77 31 / 6 42 58
7000 Stuttgart, Paulinenstr. 40 (Telefonseelsorge), Tel. 07 11 / 62 26 44
7000 Stuttgart, Augustenstr. 39 B, Tel. 07 11 / 62 22 31
7000 Stuttgart, Mörickestr. 5, Tel. 07 11 / 70 09 46
6972 Tauberbischofsheim, Winfriedheim, Tel. 0 93 41 / 36 26
7400 Tübingen, Am Lustnauer Tor 2, Tel. 0 71 22 / 2 29 46
7900 Ulm/Do., Neue Str. 32, Tel. 07 31 / 6 24 60
7770 Überlingen, Münsterplatz 5
7730 Villingen, Kronengasse 2, Tel. 0 77 22 / 3 00
7050 Waiblingen, Obere Lindenstr. 27

Bayern

8450 Amberg, Herrenstr. 10, Tel. 0 96 21 / 55 53
8800 Ansbach, Karlsplatz 3, Tel. 09 81 / 23 49
8750 Aschaffenburg, Ertal-Str. 15, Tel. 0 60 21 / 2 22 61
8900 Augsburg, Spenglergäßchen 7 a, Tel. 08 21 / 2 88 49

8900 Augsburg, Peutingerstr. 5, Tel. 08 12 / 2 23 33
8170 Bad Tölz, Schloßplatz 1
8230 Bad Reichenhall, Kurfürstenstr. 12, Tel. 0 86 51 / 45 55
8600 Bamberg, Obere Königstr. 4, Tel. 09 51 / 2 59 60
8490 Cham, Rindermarkt 1, Tel. 0 99 71 / 20 29
8360 Deggendorf, Maria-Wardplatz 5, Tel. 09 91 / 26 64
8850 Donauwörth, Langemarckstr. 1, Tel. 68 91 / 62 24
8019 Ebersberg, Sieghartstr. 6, Tel. 0 81 07 / 5 12
8058 Erding, Altenerding-Klettham, Tel. 0 81 02 / 32 32
8520 Erlangen, Langfeldstr. 36, Tel. 0 91 31 / 3 40 48
8550 Forchheim, Sattlertorstr. 2, Pfarrhaus St. Martin, Tel. 0 91 91 / 22 34
8050 Freising, Rindermarkt 10, Tel. 0 81 61 / 36 53
8080 Fürstenfeldbruck, Drachenweg 1, Tel. 0 81 41 / 28 51
8100 Garmisch-Partenkirchen, Schulstr. 4, Tel. 0 88 21 / 5 34 75
8192 Geretsried, Kolbenheyerstr. 15, Tel. 0 81 71 / 66 06
8670 Hof/Saale, Ernst-Reuter-Str. 114, Tel. 0 92 81 / 46 64
8670 Hof/Saale, Luitpoldstr. 18, Tel. 0 92 81 / 43 98
8660 Münchberg, Marienstr. 13
8673 Rehau, Breitscheidstr. 6
8672 Selb, Karl-Marx-Str. 6
8674 Naila, Albin-Klöber-Str. 9
8592 Wunsiedel, Scheunenstr. 2
8070 Ingolstadt, Kupferstr. 34
8420 Kelheim/Donau, Ledergasse 22, Tel. 0 94 41 / 71 61
8960 Kempten, Landwehrstr. 1
8380 Landau, Oberer Stadtplatz 14, Tel. 08 51 / 8 33 17
8300 Landshut, Marienburgerstr. 9, Tel. 08 71 / 2 86 61
8590 Marktredwitz, Bahnhofstr. 11, Tel. 0 92 31 / 47 61
8052 Moosburg, Krankenhausweg 2, Tel. 0 81 61 / 35 22
8000 München, Gollierstr. 75-79, Tel. 08 11 / 53 62 80
8000 München 22, Thierschstr. 23, Tel. 08 11 / 22 35 29
8000 München 71, Allgäuerstr. 34, Tel. 08 11 / 75 40 55
8000 München 15, Bavariaring 22, Tel. 08 11 / 53 67 51
8000 München 13, Hohenstaufenstr. 12, Tel. 08 11 / 34 60 42
33 34 66
8000 München 13, Jakob-Klar-Str. 4, Tel. 08 11 / 37 56 76
8000 München 83, Plettstr. 15, Tel. 08 11 / 40 55 14
8000 München 60, Wiesentfelderstr. 41 a, Tel. 08 11 / 87 80 80
8000 München 45, Wintersteinstr. 46, Tel. 08 11 / 3 13 18 71
8000 München 80, Prinzregentenstr. 68/I, Tel. 08 11 / 43 34 50
8260 Neuötting, Ludwigstr. 43, Tel. 86 71 / 21 89
8500 Nürnberg, Buchenstr. [illegible], Tel. 09 11 / 3 24 00
8500 Nürnberg, Königstr. 64, Tel. 09 11 / 22 76 21
8390 Passau, Domplatz 3, Tel. 08 51 / 8 33 17
8370 Regen, im Rathaus, Tel. 08 51 / 8 33 17
8400 Regensburg, Von-der-Tann-Str. 7, Tel. 09 41 / 5 30 16
8200 Rosenheim, Hofmannstr. 5, Tel. 0 80 31 / 22 83
8460 Schwandorf, Marktplatz 16, Tel. 0 94 31 / 22 83

8720 Schweinfurt, Schultestr. 21, Tel. 0 97 21 / 2 11 90
8440 Straubing, Wittelsbacher Höhe 14, Tel. 0 94 21 / 20 37
8220 Traunstein, Maxstr. 15, Tel. 08 61 / 47 66
8480 Weiden, Hermann-Str. 1, Tel. 09 61 / 27 84
8112 Weilheim/Obb., Kirchplatz 3
8961 Weitnau, Haus Nr. 287, Tel. 0 83 75 / 315
8700 Würzburg, Burkardushaus-Bruderhof, Tel. 09 31 / 5 09 22

Berlin

1000 Berlin-Steglitz, Paulsenstr. 55/56, Tel. 0 30 / 72 04 11 / 84
0 30 / 79 29 50 / 74
1000 Berlin 20, Kirkelstr. 35, Tel. 0 30 / 37 34 22
1000 Berlin 26, Alt Wittenau 29, Tel. 0 30 / 4 11 24 83
Zweigstelle: Tempelhof, Damm 138, Tel. 0 30 / 75 75 79

Evangel. Zentralinstitut f. Familienberatung gem. GmbH.,
Matterhornstr. 82, Tel. 0 30 / 84 61 82
1000 Berlin 41, Grunewaldstr. 24, Tel. 0 30 / 8 22 18 98

Bremen

2800 Bremen, Schwachhauser Heerstr. 27
2800 Bremen, Breitenweg 25 III, Tel. 04 21 / 31 19 08
2800 Bremen, Kolpingstr. 7, Tel. 04 21 / 32 13 61

Hamburg

2000 Hamburg, Katharinenkirchhof, Tel. 0 40 / 33 19 61
2000 Hamburg 1, Burgenhagenstr. 21, Tel. 0 40 / 32 18 31
Außenstellen des Diakonischen Werkes:
2056 Gilde, Mühlenweg 25, Tel. 0 40 / 73 65 72
2000 Hamburg-Volksdorf, Rockenhof 1, Tel. 0 40 / 6 03 80 51
2000 Harksheide, Kirchplatz 1, Tel. 0 40 / 5 25 11 81
2000 Hamburg 1, An der Alster 82, Tel. 0 40 / 24 26 20
2000 Hamburg 1, An der Alster 19 (Caritasverband),
Tel. 0 40 / 24 83 61
2000 Hamburg 36, Dammtorwall 13/IV, Tel. 0 40 / 3 41 09 30 82

Hessen

6100 Darmstadt, Rheinstr. 21/4, Tel. 0 61 51 / 2 45 73
6000 Frankfurt/Main, Thomas-Mann-Str. 10 (Nebenstelle)
6000 Frankfurt/Main, Hans-Thoma-Str. 22, Tel. 06 11 / 2 07 51
6000 Frankfurt/Main, Niedenau 43, Tel. 06 11 / 72 59 78
6000 Frankfurt/Main, Eschenheimer Anlage 21,
Tel. 06 11 / 59 45 93
6000 Frankfurt/Main, (Nordweststadt 50), Ernst-Kahn-Str. 49a,
Tel. 06 11 / 57 40 91 / 92
6360 Friedberg, Kaiserstr. 167, Tel. 0 60 31 / 55 24

6300 Gießen, Ludwigsplatz 10, Tel. 06 41 / 3 19 91
3500 Kassel, Ob. Karlsstr. 3, Tel. 05 61 / 1 73 56
6250 Limburg, Weihersteinstr. 17, Tel. 0 64 31 / 60 26
3550 Marburg/Lahn, Bahnhofstr. 24, Tel. 0 64 21 / 6 83 73
6050 Offenbach/M., Kirchgasse 11, Tel. 06 11 / 8 27 16
6330 Wetzlar, Waldschmidtstr. 12, Tel. 0 64 41 / 9 61 06
6200 Wiesbaden, Schiersteinerstr. 33 III, Tel. 0 61 21 / 8 30 51
6200 Wiesbaden, Luisenstr. 27, Tel. 0 61 21 / 30 30 03

Niedersachsen

3300 Braunschweig, Campestr. 2, Tel. 05 31 / 33 14 00
3300 Braunschweig, Bismarckstr. 8, Tel. 05 31 / 33 53 64
4590 Cloppenburg, Garreler Weg 18, Tel. 0 44 51 / 7 40
2190 Cuxhaven, Marienstr. 50, Tel. 0 47 21 / 3 84 83
2370 Delmenhorst, Schulstraße 12, Tel. 0 42 21 / 25 61
2970 Emden, Philosophenweg 10, Tel. 0 49 21 / 2 19 51
3400 Göttingen, Berliner Str. 4-8, Tel. 05 51 / 50 31, App. 261
3000 Hannover, Osterstr. 57, Tel. 05 11 / 1 54 63
3000 Hannover, Plathnerstr. 51, Tel. 05 11 / 81 28 32
3000 Hannover, Archivstr. 3, Tel. 05 11 / 1 94 14 04
3200 Hildesheim, Domhof 15, Brühl 45, Mühlenstr. 24,
Tel. 0 51 21 / 3 21 66 / 89
4450 Lingen-Laxten, Josefstr. 7, Tel. 05 91 / 32 25
3140 Lüneburg, bei der Johanniskirche 3, Tel. 0 41 31 / 4 42 11
3140 Lüneburg, Johannisstr. 36, Tel. 0 41 31 / 4 61 82
2350 Neumünster, Paul-Ehrlich-Str. 17, Tel. 0 43 21 / 4 77 11
2900 Oldenburg, Peterstr. 24, Tel. 04 41 / 8 00 33—6 12 33
2900 Oldenburg, Theaterwall 24 a, Tel. 04 41 / 1 43 57
4500 Osnabrück, Spichernstr. 24 a, Tel. 05 41 / 5 10 74
4500 Osnabrück, Klusstr. 3, Tel. 05 41 / 2 83 63,
31 82 88 oder 31 82 85
4490 Papenburg, Hauptkanal links 65, Tel. 0 49 61 / 21 43
3320 Salzgitter-Lebenstedt, Saldersche Str. 2,
Tel. 0 53 41 / 4 56 82
2848 Vechta, An der Probstei, Tel. 0 44 42 / 12 06
2940 Wilhelmshaven, Mozartstr. 41, Tel. 0 44 21 / 2 46 42

Nordrhein-Westfalen

5100 Aachen, Holzgraben 13/15, Tel. 02 41 / 2 63 11
5100 Aachen, Wilhelmstr. 50/52, Tel. 02 41 / 2 09 52—2 09 53
4730 Ahlen, Klosterstr. 10, Tel. 0 23 82 / 21 06
5070 Berg. Gladbach, Laurentiusstr. 4, Tel. 0 22 02 / 63 15
5070 Berg. Gladbach, Paasweg 22, Tel. 0 22 02 / 42 67
4800 Bielefeld, Elsa-Brandström-Str. 11, Tel. 05 21 / 6 24 44
4800 Bielefeld, Klosterplatz 3, Tel. 05 21 / 6 12 46
4800 Bielefeld, Stapenhorststr. 5, Tel. 05 21 / 6 88 38
4290 Bocholt, Münsterstr. 23, Tel. 0 28 71 / 21 52

4630 Bochum, Vödestr. 37, Tel. 0 23 21 / 14 44 23
4630 Bochum, Waldhof 12
4630 Bochum, Freiligrathstr. 7, Tel. 0 23 21 / 1 61 02
4630 Bochum-Altenbochum, Lutherstr. 5, Tel. 0 23 21 / 55 34 19
5300 Bonn, Poppelsdorfer Allee 27, Tel. 0 22 21 / 5 64 80
5300 Bonn, Wesselstr. 2, Tel. 0 22 21 / 5 07 32
4280 Borken, Johanniterstr. 29, Tel. 0 28 61 / 24 26
4250 Bottrop, Osterfelderstr. 17, Tel. 0 21 42 / 2 37 48
5040 Brühl, Schloßstr. 2, Tel. 0 22 32 / 4 20 96
4420 Coesfeld, Mühlenstr. 1, Tel. 0 25 41 / 23 63
4930 Detmold, Bruchstr. 2, Tel. 0 52 31 / 64 78
4220 Dinslaken, Brückstr. 21, Tel. 0 21 34 / 38 05—78 45
4270 Dorsten, Westgraben 18, Tel. 0 23 62 / 2 42 30
4600 Dortmund, Arndtstr. 27, Tel. 02 31 / 52 97 65
4000 Düsseldorf, Kaiser-Friedrich-Ring 27, Tel. 02 11 / 5 35 06
4000 Düsseldorf, Vogelsangerweg 66, Tel. 02 11 / 62 98 96
4000 Düsseldorf, Stresemannstr. 21 I, Tel. 02 11 / 8 11 81
4100 Duisburg, vom-Rath-Str. 22, Tel. 0 21 31 / 2 61 98
5228 Ennepetal-Milspe, Kirchstr. 49, Tel. 0 23 33 / 39 93
4300 Essen, Teichstr. 2, Tel. 0 21 41 / 3 29 78 / 79
4300 Essen, Burgplatz 3, Tel. 0 21 41 / 23 24 23
4170 Geldern, Poststr. 9, Tel. 0 28 31 / 35 31
4650 Gelsenkirchen, Ahstraße 8, Tel. 0 23 22 / 6 45 45
4180 Goch, Brückenstr. 33, Tel. 0 28 23 / 33 03
5800 Hagen, Hochstr. 83 a, Tel. 0 23 31 / 2 28 60
5800 Hagen, Gartenstr. 11, Tel. 0 23 31 / 2 89 65
5860 Iserlohn, Aloysiusstr. 1, Tel. 0 54 51 / 76 03
4530 Ibbenbüren, Bockrader Str. 4 a, Tel. 0 54 51 / 76 03
4700 Hamm, Brüderstr. 12
4190 Kleve, Am Regenbogen 4, Tel. 0 28 21 / 42 73
5000 Köln, Boltensternstr. 2, Tel. 02 21 / 7 89 94
5000 Köln, Heumarkt 56, Tel. 02 21 / 23 19 97
5000 Köln 71, Forsythienweg 16, Tel. 02 21 / 79 96 04
4150 Krefeld, Schönwasserstr. 50, Tel. 0 21 51 / 5 24 97
4150 Krefeld, Schwanbornplatz 2, Tel. 0 21 51 / 6 46 20
5930 Hüttenthal-Geisweid, Hofbacherstr. 86
5910 Kreuztal, Kirchstr. 5, Tel. 0 27 32 / 1 20 44
Letmathe per Adresse: 586 Iserlohn, Aloysiusstr. 1,
Tel. 0 23 71 / 2 93 63
5090 Leverkusen, Dönhoffstr. 55 b, Tel. 0 21 72 / 7 12 14
5090 Leverkusen, Carl-Leverkus-Str. 16, Tel. 0 21 72 / 4 18 00
5880 Lüdenscheid, Wehberger Str. 4 b, Tel. 0 23 51 / 2 99 95
5880 Lüdenscheid, Heidringhauserstr. 5
Menden per Adresse: 586 Iserlohn, Aloysiusstr. 1,
Tel. 0 23 71 / 2 93 63
5778 Meschede, Blindenstr. 81
4950 Minden, Immanuelstr. 17, Tel. 05 71 / 2 22 57
4953 Minden in Petershagen, Gartenringstr. 8,
Tel. 0 57 07 / 6 41

4130 Moers, Haagstr. 26, Tel. 0 28 41 / 2 24 19
4050 Mönchengladbach, Krichelstr. 16, Tel. 0 21 61 / 2 07 36
4330 Mülheim/Ruhr, Althofstr. 8, Tel. 0 21 33 / 3 20 70
4330 Mülheim/Ruhr, Althofstr. 6, Tel. 0 21 33 / 3 61 14
4400 Münster, Braunsbergstr. 35, Tel. 02 51 / 3 44 64
4400 Münster, Königsstr. 24, Tel. 02 51 / 5 71 22
4040 Neuß, Tückingstr. 42, Tel. 0 21 01 / 1 37 76
4200 Oberhausen/Rhld., Marktstr. 154
4200 Oberhausen, Nohlstr. 149, Tel. 0 21 32 / 2 64 24
4790 Paderborn, Reumontstr. 54, Tel. 0 52 51 / 3 30 44
5050 Porz/Rh., Rathausstr. 24, Tel. 0 22 03 / 5 26 98
4350 Recklinghausen, Börsterweg 11, Tel. 0 23 61 / 2 25 71
4242 Rees, Kapitelstr. 11, Tel. 0 28 51 / 74 74
4440 Rheine i. W., Lingener Str. 19, Tel. 0 25 31 / 80 82
4140 Rheinhausen, Werthauserstr. 44, Tel. 0 21 35 / 37 60
5360 Remscheid, Theodorstr. 8 b, St. Suitbert
4440 Rheine, Lingener Str. 11 (Mütterschule), Tel. 0 21 31 / 43 93
5840 Schwerte, Jägerstr. 5, Tel. 0 23 04 / 30 40
4410 Warendorf, Marienkirchplatz 7, Tel. 0 25 81 / 30 56
4230 Wesel, Marinistr. 9, Tel. 02 81 / 2 50 90—2 45 81
5600 Wuppertal-Elberfeld, Friedrich-Ebert-Str. 82, Tel. 0 21 21 / 31 39 70
5600 Wuppertal-Barmen, Höhne 18, Tel. 0 21 21 / 55 77 44
5600 Wuppertal-Elberfeld, Deweerthstr., Tel. 0 21 21 / 44 28 22

Rheinland-Pfalz

8450 Amberg, Herrnstr. 10, Tel. 0 96 21 / 55 53
5470 Andernach, Agrippastr. 15, Tel. 0 26 31 / 4 21 75
6550 Bad Kreuznach, Freiherr-vom-Stein-Str. 5, Tel. 06 71 / 2 78 23
6750 Kaiserslautern, Spittel 5
5400 Koblenz, Mainzerstr. 81, Tel. 02 61 / 3 62 36
5400 Koblenz, Friedrichstr. 3, Tel. 02 61 / 3 46 76
6740 Landau, Weißenburger Str. 5 a
6500 Mainz, Breidenbacherstr. 12, Tel. 0 61 31 / 2 49 91
6730 Neustadt/Weinstraße, Triftbrunnenweg 59, Tel. 0 63 21 / 8 06 45
5450 Neuwied, Hermannstr. 30, Tel. 0 26 31 / 2 52 08
6720 Speyer, per Adresse: 673 Neustadt, Triftbrunnenweg 59
5500 Trier, Dietrichstr. 42, Kolpinghaus, Tel. 06 51 / 40 46

Saarland

6650 Homburg/Saar, per Adresse: 6730 Neustadt, Triftbrunnenweg 59
6680 Neunkirchen, Postfach 4, Tel. 0 68 21 / 2 15 62
6600 Saarbrücken, Heinestr. 11, Tel. 06 81 / 6 57 22
6600 Saarbrücken, Bahnhofstr. 109/4, Tel. 06 81 / 2 53 12
6630 Saarlouis, Lothringer Str. 23

Schleswig-Holstein

2390 Flensburg, im Rathaus am Pferdewasser, Zi. 504, Tel. 04 61 / 8 51
2390 Flensburg-Mürwik, Twedtermarkt 43, Tel. 04 61 / 2 35 14
2354 Hohenwestedt, Lindenstr. 42, Tel. 0 48 71 / 3 58
2300 Kiel, Rathausstr. 1-5, Tel. 04 31 / 58 20 66
2300 Kiel, Lorentzdamm 28-30, Tel. 04 31 / 3 94 23 60
2300 Kiel, Bartellsallee 7, Tel. 04 31 / 4 54 04
2400 Lübeck, Fegefeuer 2
2400 Lübeck, Königstr. 23, Tel. 04 51 / 7 69 30
2400 Lübeck, Hüxterdamm 18 A, Tel. 04 51 / 7 27 62
2080 Pinneberg, Bahnhofstr. 4, Tel. 0 41 01 / 2 22 57
2370 Rendsburg, Kanalufer 48, Tel. 0 43 31 / 51 15

Weitere Veröffentlichungen von Alfred Ziegner:

Zweimal Himmel und zurück

Brieflicher Rat in Sachen Ehe

160 Seiten, Paperback, DM 9,80

(Aussaat-Verlag, Wuppertal)

Die hier wiedergegebenen Originalbriefe wurden in konkreter Gewissensnot geschrieben. Ob die Ratsuchenden zwischen dem Ja und Nein zur legalen Bindung hin- und hergerissen sind, ob sie als Eheleute unbefriedigt ins Doppelleben desertieren, ob sie sich als Partner versklavt oder gar religiös „frustriert" fühlen: die entwirrenden Antworten sind keine kasuistischen Rezepte. Ziegner weist vielmehr auf die unverrückbaren Zielpunkte hin und auf die Mitverantwortung aller derer, die sich heute noch „Christen" nennen.

Im Brennpunkt des Lebens

Gespräche um Liebe

295 Seiten, Leinen, DM 18,50

(Verlag A. Fromm, Osnabrück)

In diesem Buch werden ungewöhnliche Fragen auf ungewöhnliche Weise beantwortet. Darüber hinaus werden ganz alltägliche, handfeste Probleme, wie sie das Leben stellt, sachlich und nüchtern behandelt.

Ob jung oder alt, verheiratet oder nicht, Christ oder Nichtchrist — alle werden da und dort an überzeugenden, hilfreichen Beispielen erfahren, daß Liebe noch viel größer und tiefer ist, als sie bisher ahnten.

Patient vor Gott (vergriffen)

(Schriftenmissions-Verlag, Gladbeck)